通하는 사람이 이긴다

通하는 사람이 이긴다

전미옥 지음

백산출판사

'관계'에도 공부가 필요하다

어른이 되면 모든 일을 저절로 알게 되고 저절로 할 수 있게 되는 줄 알았던 때가 있었다. 그래서 학생 때는 공부를 열심히 해서 좋은 성적을 가시고 좋은 대학에 들어가면, 좋은 회사 들어가는 것이 당연한 순서라고 생각했다. 회사에 들어가서도 힘든 일이야 있겠지만 그 정도 학창시절에 준비했으면 잘 이겨내고 월급 착착 잘 받으며 사는 게 웬만하면 누릴 수 있는 삶이라고 생각했다. 참 깊이 없고 단순한 생각이지만 그렇게 사는 게 대단히 어려운 일이 아니었던 시절이 있긴 있었다. 일자리가 많은데 사람이 부족했던 산업화 시대에는 그런 생각이 현실적으로 그래도 가능했다.

하지만 시대는 많이 흘렀고 일자리는 부족하고 일할 사람은 넘친다. 회사는 그 기준이 모두 조금씩 다르지만 일 잘할 사람을 탈탈 고른다. 성적 좋고 스펙 좋고 열정 있고 성실한 인재들을 뽑는다. 수십 대 일의 경쟁률을 뚫고 입사한 그 정도 실력이면 이미 저절로 무슨 일이라도 다 해낼 수 있을 것 같고 문제없이 성공가도를 달릴 것만 같다.

하지만 현실은 그렇지 않다. 그렇게 스펙 좋고 능력 있는 사람들이 이상하게 어려움을 호소하기 시작한다. 호소하는 내용을 잘 들어보면 이 글로벌 경쟁력이 첨예한 경제환경에서 당연히 일이 힘들다고 하는 사람이 많아야 할 것 같지만 그런 사람들은 의외로 적다. 그보다는 함께 일하는 사람들 때문에 힘들다고 호소한다. 나는 정말 아무 문제 일으키지 않으려고 노력하고 일도 열심히 잘하려고 하는데 내 상사가, 내 부하가, 내 동료가 나를 힘들게 한다는 것이다. 많은 사람들이 이런 호소를 하는 걸 보면 뒤집어 한 번 더 생각하지 않을 수 없다. 나를 힘들게 하는 사람이 많다고 호소하는 사람이 많으면, 반대로 나를 힘들어하는 사람도 많을 수 있다는 말이기 때문이다.

무엇이 문제일까. 서로 대화하면 괜찮지 않을까. 사람들 책상에 PC가 켜지고 이윽고 모두의 손에 스마트폰을 드는 시대가 되었으니, 언제 어디서나 마음만 먹으면 통화하고, 심지어 얼굴을 보면서도 통화할 수 있다. 그런데도 사람들 사이의 커뮤니케이션은 원만치 않아 일이 수월치 않다는 피로감을 호소하기도 한다.

어른이 되면 저절로 알게 되는 게 생각보다 많지 않았다. 회사라는 조직사회에서 가장 중요한 건 눈에 보이는 스펙이 아니라, 사람과 사람 사이의 '관계맺음'인데, 우리는 이런 것을 크면 저절로 알게 되는 것이라 생각하며 살았던 것 같다. 그냥 내 주변의 어른을 보고 대충 감 잡고 눈치로 배울 뿐 구체적으로 어디에서도 배워본 적이 없다.

하지만 이제 사람과 사람을 통하게 하는 길목에 문제가 있다면 이 '관계의 기술'도 배워야 한다. 직원 없이 혼자 일하는 자영업자라도 거래처가 있고 고객이 있다. 이 사이에서도 관계의 기술은 발휘되는데, 수많은 사람들이 함께 일해 공동의 목표를 이루어가는 기업과 같은 조직사회의 직장인이면 그 필요성은 말할 것도 없다.

정말 일 잘하는 사람은 관계의 기술 또한 남다르다. 모든 일을 되게 하는 건 결국 사람이기 때문이다. 이제 좀 더 적극적으로 관계의 기술을 배워 나를 힘들게 하는 사람, 내가 힘들게 할지도 모르는 사람들 사이에서 시원하게 소통하고 신나게 일하는 길로 나아가보자.

차 례

通하는 사람이 이긴다

Chapter 1

회사에서 나는 어떤 사람인가

Chapter 1

회사에서 나는 어떤 사람인가

나 자신을 아는 계획

"하루의 계획은 아침에 하고, 한 해의 계획은 봄에 한다"고 하지만, 어느 때 하든지 사람에게 공평하게 주어지는 시간을 어떻게 요리하는가에 따라 삶의 질은 크게 달라진다. 하지만 늘 계획이 반환점을 돌기도 전에 용두사미가 되어버린 경험이 있을 것이다. 다시 계획을 세우자니 또 지키지도 못할 것 같아 마음만 무겁다. 그래도 우리의 계획 세우기는 계속되어야 한다. 실패 속에서도 목표와 계획이 있는 사람은 삶을 주도적으로 이끌며 끊임없이 완성형으로 나아가기 위해 성장하기 때문이다.

우리는 자라면서 어떻게 목표를 찾고 계획을 세워야 하는지 제대로 배우지 못했다. 그런데도 살면서 계획을 실천하는 것 이상으로, 자신의 목표를 제대로 찾는 것이 너무나 중요하다는 것을 느낀다. 그 이유는 자신의 마음속 깊이 탐색하고 인정하지 않은 목표는 대부분 실패해왔기 때문이다.

우리는 목표가 있느냐, 계획이 있느냐는 질문을 받으면 비슷한 답을 하는 경우가 많다. '금연' '돈 얼마 모으기' '내 집 마련하기' '체중 감량하기' '자격증 따기' '외국어 마스터하기' '승진하기' 같은 것이 주류를 이룬다. 하지만 우리는 이제 '올해는 꼭!' 하며 매년 실패했던 계획을 세우기보다, 내가 진정으로 애정을 갖고 실천할 수 있는 궁극적인 목표에 대해 고민하는 데 시간을 써야 한다.

계획이 좀 더 견고해지려면 목표를 두 가지로 분류해볼 수 있다. 첫 번째는 단계적 목표다. 금연, 다이어트, 승진, 외국어 공부, 부자 되기 같은 계획이 이에 해당된다. 그리고 두 번째는 궁극적 목표이다. 궁극적 목표는 내가 죽기 전 '아, 나는 잘 살았다'고 생각할 수 있는 사명이다. 눈을 감기 전 '나는 이것을 이루었으니 죽어도 억울하지 않다'라고 생각할 만한 것이다.

넬슨 만델라의 목표는 '인종차별을 종식시키는 것', 마더 테레사 수녀의 목표는 '굶주리고 가난한 사람들에게 자비와 연민을 베푸는 것'이었던 것처럼, 삶에서 자신이 가장 가치를 두는 것들이 될 수 있다. 요즘 사람들은 깊이 생각하는 것을 싫어하고 조금만 생각해보고 답이 금방 나오지 않으면 귀찮아한다. 이런 습관을 버리고 좀 더 고민하고 탐색해야 한다.

큰 틀의 목표가 있는 사람은 해마다 세우는 단계적 계획도 남다르다.

타인의 눈을 의식하지 않고 진정으로 필요한 자기만의 계획을 세운다. 실패를 거듭하는 재탕, 삼탕의 계획을 다시 끌어다 내세우지 않고 정말 실천하고 싶어지는 일들로 채워간다.

궁극적 목표 아래 올망졸망 모인 단계적 계획은 지나치게 큰 계획으로 일찌감치 지쳐 나가떨어지게 한다. 월간, 주간 단위로 달성할 수 있는 작은 목표들을 깨알같이 세우는 것이 실천하는 재미도, 효율도 커진다. '2014년에는 10킬로그램을 줄이겠다'는 계획보다는 '3월까지 2킬로그램을 감량하겠다' '6월까지 2킬로그램을 더 감량하겠다' 그래서 '12월에는 10킬로그램까지 감량하겠다' 하는 편이 훨씬 부담 없다. 그러면 '해볼 만한 계획'으로 다가오며 의욕이 생긴다.

또 이런 단계적 계획을 잘 실행해가려면 자신에게 관대하지 말고 냉정해져야 한다. 냉정하게 평가할 수만 있다면 계획대로 실천하지 못하더라도 재도전할 경우 성공률은 더욱 높아진다. 무능력하다면 목표를 낮게 만들고 게으르다면 목표를 조금만 만들면 된다. 냉정해지는 반면, 유연성도 필요하다. 유연성은 관대함과는 다르다. 작은 목표일 경우 탄탄한 계획만으로도 실천이 가능하지만, 크고 어려운 목표일수록 유연한 자세가 중요하다. 목표를 이루기 위해 뭔가 한 가지만을 고집하는 것은 작은 목표에는 필요하지만, 다양한 위기와 변화에는 오히려 짐이 되기 쉽다. 실패하는 것보다 유연하게 대처해서 목표를 이루어나가는 것이 좋다.

이 모든 목표와 계획은 무엇보다 자기 자신을 잘 아는 데서 시작한다. 우리는 의외로 자기 자신을 모르는 경우가 많다. 계획은 자기 자신을 탐색하고 자기 내면을 찬찬히 읽어낼 좋은 시간이고 필요한 시간이다. 이러한 과정을 거치면서 세운 계획에는 무한한 애정과 의욕이 생기게 된다.

나는 어떤 동료였을까

집 주변 혹은 아파트 엘리베이터에서 만난 어린아이가 "안녕하세요?"라는 인사와 함께 배꼽인사를 하면 너무 귀여워 나중에도 그 아이를 기억하게 된다. 다른 사람과의 관계에서도 마찬가지다. 서로 잘 모르는 사이라도 한마디의 인사만으로 상대에 대한 호감이 커지는 경우가 많다. 인사만이 아니라 남을 배려하는 사소한 행동 하나만으로도 그 사람을 달리 보게 되는 계기가 있었을 것이다. 상대가 호감을 보이면 '잘 지내고 싶어요'라는 메시지로 알아채게 된다.

그렇다면 평소 나의 모습은 어떤가? 출퇴근 시간에 밝은 얼굴로 인사하는 것은 기본이다. 상대에게 더 좋은 인상을 남기려면 넓은 의미의 인사 센스, 예를 들어 감사나 사과할 경우에도 제대로 인사하는 게 필요하다.

우리나라의 경우 누군가에게 좋은 일이 생기면 도와준 것도 없으면서 한 턱 내라고 말하고, 그 사람도 기분 좋게 한 턱을 낸다. 이럴 땐 상대가 어색하지 않게 감사나 성의를 표한다. "그날 정말 맛있었어요"라고 말하거나, 내게도 축하할 일이 있으니 간단한 이유를 붙여 함께 식사하자고 권해도 좋다.

특히 사과는 바로바로 한다. 타이밍을 놓치면 진짜 사과할 일이어도 말하기가 정말 어렵다. 작은 실수는 그 자리에서 즉시 사과하고, 만약 큰 실수로 남의 업무를 망치게 된 경우에는 무엇보다 진심으로 미안하다는 마음을 전달하는 것이 필요하다. "정말 죄송합니다. 제가 어떻게 사과해야 좋을지 모르겠습니다"라고 진솔하게 표현하면 된다.

평소 나의 유쾌한 호의를 보여주는 건 어떨까? 지나치게 낙천적일 필요는 없지만 일주일에 한 번씩 매번 다른 동료에게 친절을 베푸는 것이다. 예를 들어 이번 주엔 특별한 이유 없이 라이벌 동료에게 커피 한 잔을, 그 다음 주에는 지난번에 내게 도움을 준 사람에게 감사의 표시로 카드를, 그리고 평소 항상 힘이 되는 동료에겐 그간 고마웠노라고 짧은 편지를 쓰는 것이다.

세상의 모든 사람이 스승이다. 뭔가 잘못하고 있는 사람에게서도 배울 점이 있다. 그의 잘못을 보면서 개선해야 할 방법을 찾고 잘할 수 있는 방법을 배우게 된다. 아무리 친해지려고 해도 도무지 마음에 들지 않는 동료가 있다면, 일단 그 사람을 찬찬히 관찰하며 배울 점을 찾아라. 한 가지 사실만을 보고 상대를 평가하면서 성급하게 일반화하지 말고, 상대의 행동과 업무 패턴을 자세히 살펴보면 장점을 분명 찾을 수 있다. "그 사람은 사석에서는 정신없이 말해도 회의 때는 차분하게 말 잘하더라" "저 사람은 큰일의 교통정리를 잘한다. 업무를 잘게 나누어 금방 시작할 수 있게 하는 재주가 있다" 하는 식으로 구체적으로 배울 점을 발견하면, 평소의 단점도 희미해지고 마음의 벽도 차츰 허물어질 것이다.

업무를 진행할 때는 일의 순서를 잘 지켜야 한다. 혼자서 회사의 모든 일을 처리할 수는 없다. 그렇다면 업무 관행과 특정 업무를 담당하는 상대의 입장을 이해하고 배려해야 한다. 동료와 함께 처리해야 할 업무가 있다면 진행 사항이나 문제점에 대해 그가 모르게 상사에게 보고하는 것은 좋지 않다. 공동 업무에 대해서는 상호간 충분히 상의한 후에 일을 진행시킨다.

직장생활에서 자신의 개성과 취향을 잘 이해해주는 동료를 만나기는 쉽지 않다. 그럼에도 현실적으로 나와 가장 많은 일을 하는 동료와 잘 지내야 업무 능률도 오른다. 평소 잘 지내다 개인적인 이유로 동료에게 불쾌감을 주는 행동이나 말을 하면 그동안의 관계는 하루아침에 허물어지게 마련이다. 상대방의 이야기를 듣고 고개를 끄덕거리며 공감을 표시하고 질문을 하는 등 상대방과 자신의 거리를 좁힐수록 일의 생산성도 높아지고, 정보를 공유하기도 쉽다.

직장의 동료관계는 생각보다 냉혹할 수 있다. 그래도 우정을 만들고 사정상 직장을 떠난 동료와도 좋은 관계를 유지하려면 서로에게 도움을 주고 긍정적인 자극을 주고받아야 한다. 단순히 업무적인 도움이나 영향 혹은 자극도 좋지만, 그보다 서로 더 가치 있게 느끼는 것이 '관심'이다. 그 사람의 취향, 취미, 관심사, 개인적인 부분에 대해 관심을 갖고 물어보면 한결 가까워진다.

그런데 조심해야 하는 부분이 있다. 해결해주기보다 들어주고, 내 생각을 말하기보다 물어보는 것까지만 하는 게 훨씬 좋은 경우가 많다. 사람들은 누구나 자신의 의견에 귀기울여주면 좋아한다. 질문으로 관심을 표하거나 상대가 중요한 사람임을 인식시키는 것이다. "기획서 한번 봐주세요. 뭐가 빠진 것 같지 않아요?" "이런 상황에선 어떻게 해야 좋을 것 같아요?" 당신의 한마디에 관심 가져주는데 좋아하지 않을 사람은 없다. 일단 듣고 난 뒤에는 크게 도움이 되지 않았다 해도 의견을 준 사람에게 감사하다는 표현을 반드시 해야 한다.

특히 자신보다 오래 근무한 동료는 좋은 파트너이자 가이드가 될 수 있다. 업무적인 부분에선 물어볼 게 많다. 일을 어떻게 처리하는지를 눈여

겨보고 좋은 점이 있으면 보고 배워라. 혼자 해결할 수 없는 일인 경우에는 서슴지 말고 물으면 된다. 내가 모르는 부분이거나 생각이 다른 부분에 대해서는 일단 긍정적인 태도를 갖는 것이 우선이다. 내가 모르는 일이라고 무관심하거나 부정적인 생각부터 표현하기보다는, 내 의견만 옳은 것이라는 방식은 피하면서 나의 의견을 왜곡되지 않게 표현하는 방향으로 말하자.

인간관계는 하루아침에 떼돈이 생기는 복권이 아니다. 오히려 꾸준히 적립금을 늘려가는 보험에 가깝다. 오늘도 그리고 내일도 동료들과 꾸준히 교감하고 소통하는 일에 게으르지 않아야 미래에도 좋은 일이 계속 생기는 적금이자 보험이 되는 것이다.

내 시간은 어디를 향하고 있을까

우리가 살면서 이루는 성취나 탁월한 전문성은 어느 날 갑자기 며칠 바싹 벼락치기해서 얻을 수 있는 게 아니다. 오랜 시간 꾸준히 집중해서 이룰 수 있는 가치들이다. 하지만 시간 관리라고 해서 시계만 들여다보는 것으로는 해결되지 않는다. 중요한 건 내가 목표한 일을 컨트롤할 수 있느냐 하는 점이다. 물리적인 시간에 초점을 맞출 것이 아니라 사건, 혹은 할 일을 그때그때 컨트롤하는 데 시간 관리의 초점을 맞추면 그게 쌓여 효과적인 변화를 기대할 수 있다.

말콤 글래드웰이 쓴《아웃라이어》에는 '1만 시간의 법칙'에 대한 이야기가 나온다. 보통 사람은 1만 시간을 들여야 어떤 탁월함이 나오는데,

그러려면 작은 성취부터 시작하라고 충고한다. 우리도 조금씩은 다 경험한 사실이다. 너무 거창한 계획을 세워 당장 새벽 4시에 일어나 책을 읽고, 운동을 하고, 밤늦게까지 자기계발을 한다는 계획은 자괴감만 키운다. 시작부터 얼마 못 갈 것이란 게 눈에 환히 보인다.

그럼에도 '나도 뭔가 해야 하지 않을까' 하고 생각하고 있는가. 이 질문은 답을 낼 생각도 하지 않고 그냥 던지는 질문일 뿐이다. 그런데 실은 이게 실패의 근본 원인일지 모른다. 동기가 강력해야 목표를 이룰 수 있는데, 단순히 '나도 뭔가 해야 하지 않을까' 하는 정도로는 어떤 힘도 발휘하지 못한다. 무엇이든 자기만의 목적을 가질 때 행동은 빨라지고 태도도 적극적으로 된다.

스스로를 진단해보자. 나는 마감 기한, 상사의 압박, 고객의 독촉 같은 것이 있어야 움직이는 편인가? 아니면 목표, 자신만의 비전, 꼭 해내고 싶은 일 등 생각만 해도 가슴 설레는 내면의 열정을 가지고 있는가? 외부의 자극이 없어도 내적인 동기를 분명히 가지고 있다면 인생의 마라톤 경주에서도 에너지를 잃지 않는다. 오래 달릴 수 있는 배터리가 자기 안에 있기 때문이다.

배터리 충전의 시작은 이 질문에 대한 진지한 답변에서 시작된다. "내가 시간 관리를 잘하고 싶은 이유는 무엇인가?" 혹은 "시간 관리를 잘해서 얻고 싶은 것은 무엇인가?"다. 분명한 건 내면적으로 깊은 열망에서 나온 것이어야 한다. 시간 관리 자체가 중요한 것이 아니라 시간을 잘 관리해 무엇을 이루고 싶은가가 더욱 중요하다. 시간을 잘 활용하고 싶다고 생각하면서도 이루고 싶은 게 무엇인지 목적이 확실해야 한다. 그것이 빈틈없는 하루를 살면서도 지치지 않는 비결이다.

시간 관리를 잘하고 싶은 이유를 찾았다면, 시간 관리의 목적을 갖게 된 것이다. 가슴 뛰는 목표 없는 시간 관리는 날개 없는 새와 같다. 자신이 목표했던 정상의 순간도 물론 행복한 시간이지만 거기까지 가기 위해 노력하는 과정이 괴롭기만 하고 행복하지 않다면 그 목표는 달성하기 힘들다. 계획은 하나하나 실천해가면서 행복해지는 것이어야 한다.

목적 달성을 위해서는 자신을 설득하고 움직일 수 있는 구체적인 계획을 세우는 것이 중요하다. 무리하지도 않고 허술하지도 않으며, 내 시간과 에너지를 고려한 합리적인 수준을 담은 계획이어야 한다. 무리하거나 엉성한 계획은 모두 시간 도둑들이다. 계획하지 않은 시간은 나쁜 습관을 갖게 만든다. TV를 많이 보는 사람은 계획되지 않은 시간이 주어질 때 TV를 켤 가능성이 높다. 인터넷 웹서핑을 목적 없이 하는 사람은 계획된 시간이 없으면 그냥 컴퓨터 앞에 앉아 시간을 보내기 쉽다.

시간을 잘 관리하고 싶은 자신만의 이유를 토대로 장기, 단기 계획을 세우는 것부터 시작하라. 현재 자기 업무에서 중요하게 해야 할 일, 소중하게 생각하고 좋아하는 일, 미래에 목표하는 일 등을 생각하고, 그것들을 이루기 위해 지금부터 차근차근 해야 할 일들을 기록한다. 연간 목표를 월간 목표로 나누는 것도 필요하다. 어떤 연간 목표는 한 달 안에 실현될 수 있지만, 어떤 것들은 수개월에 걸쳐 노력해야 하는 것도 있다. 그러니 연간 목표는 월간 목표로 옮기면서 좀 더 구체적인 언어로 표현하는 것이 좋다.

월간 목표를 완성했으면 각각의 월간 목표를 달성하기 위해 자신이 할 수 있는 3가지의 일을 적는다. 한 번에 3가지의 일이 쉽게 떠오르지는 않을 것이다. 그럴 땐 그 달의 목표를 작은 카드에 적어서 항상 들고 다녀라. 이것을 수시로 확인하며 '어떻게 하면 이 목표를 달성할 수 있을까?'를 생각하고, 아이디어가 떠오를 때마다 카드 뒷면에 적어 넣는다. 평범한 카드에 불과한 것 같아도 자신의 월간 목표를 적고, 그 목표에 대한 3가지의 실천 지침까지 작성하면 훌륭한 계획서가 된다.

지저분해도 괜찮다. 사실 '지저분함'이 핵심이다. 연간 목표는 보기 좋게 만들어도 좋지만, 월간 목표는 수시로 수정할 수 있고, 아이디어를 추가로 기록할 수 있도록 만만해야 한다. 적당한 종이에 생각날 때마다 실천 지침을 적어 넣는다. 죽은 목표가 아니라 살아 숨쉬는 목표가 되어야 한다.

신영복의 《감옥으로부터의 사색》에는 신체적으로 건강하고 에너지가 넘치는 20대 죄수와 상대적으로 힘이 부족한 50대 죄수가 달리기 시합을 하는 이야기가 나온다. 서로의 신체적인 조건이 다른 만큼 20대 죄수는 외발로 달리기를 하고, 50대 죄수는 두 발로 달리기로 했다. 그 결과는 보나마나 뻔하다. 외발로 뛰던 20대 죄수는 50대 죄수를 단 한 번도 이기지 못했다. 말도 안 되게 당연하지만, 이 이야기는 이론과 실천이 조화를 이루지 못하는 삶은 한 발 뛰기와 다를 바 없음을 단적으로 보여준다.

할 수 있는 것부터 시작하라. 하지도 못한 계획은 다시 한 발 뛰기와 같다. 한두 번 계획대로 안 했다고 꾸짖거나 자책하지 말고, 계획대로 잘 실천하는 횟수를 늘려간다면 스스로를 칭찬하라. 자신에게 크고 작은 상도 주고 칭찬도 하고 격려하다 보면, 결국 시간 관리의 성공이 자기 생활의 혁명으로 이어지게 될 것이다.

당신은 오늘 어떤 책으로 시작했습니까

빌 게이츠는 "자신을 만든 것은 어린 시절 동네의 작은 도서관"이라고 말했다. 투자의 귀재 워런 버핏은 "가는 곳마다 책을 두고 수시로 읽어라"고 말한다. 책은 누군가의 삶을 바꿀 정도로 강력하다. 가장 손쉽게 큰 비용을 들이지 않고도 할 수 있는 자기계발로 독서만한 게 없다. 한 달에 책 한 권 읽지 않으면서 자기계발을 말하는 사람은 한참 멀리 돌아가도 거기에 도달하지 못할 수 있다.

능력보다 조금 높은 목표

보통 독서 목표는 100권 읽기, 50권 읽기와 같이 책의 양을 정하는 일부터 시작되는 경우가 많다. 하지만 이런 식으로 하다간 부작용이 있다. 양을 정해두면 목표가 확실해 게으름을 줄일 수 있지만, 어떤 경우엔 권수를 채우는 데만 집착해 읽기 좋은 책, 부실한 책을 펼치는 일이 생기기도 한다. 그래서 1년 단위 목표는 100권을 도달할 수 있는 최대치로 잡는다. 조금은 불가능할 것처럼 보이는 목표를 세우게 되면, 설령 목표를 달성하지 못하더라도 그에 가까워지려는 노력을 할 수 있다.

신기하게도 조금 무리라고 보이는 100권 읽기에 성공하는 경우도 있다. 2주에 1권을 읽기에도 벅차다고 생각했지만, 사실은 비슷한 시간을 들여서 2권을 읽을 수 있다는 사실을 깨닫게 되는 것이다. 노력 여하에 따라서 같은 시간에 독서를 할 수 있는 능력을 향상시킬 수 있게 된다. 하지만 50권이든 100권이든 독서가 양적인 목표로만 결정되는 것이 아니기 때문에 달성 가능하다고 생각되는 최대치로 잡는 것이 현명하다.

관심 분야와 그 외연까지 넓히는 독서

독서량의 목표를 세우면서 중점적으로 읽고 싶은 테마를 정한다. 경영학의 대가인 피터 드러커의 경우에 1~3년 주기로 관심 분야를 설정하고 해당 분야의 책을 중점적으로 읽은 것으로 유명하다. 그런데 독서를 하다 보면 한 분야의 책만 읽는다는 것이 쉽지 않은 일이고 효율적이지 못하다. 그래서 목표한 분야의 책은 정해두되 유사한 분야, 그와 관련된 분야의 책을 찾아 같이 읽어본다. 예를 들어, 성공한 사람의 자서전이나 평전을 읽으면 동기부여도 되고, 나도 이 사람의 이런 부분을 본받아야겠다는 생각을 하게 된다.

문제는 자서전만 계속 읽다 보면 나중에는 흥미를 잃고 싫증이 날 수도 있다는 점. 이럴 때는 자서전 사이사이 그 사람과 관련된 다른 키워드를 찾아 읽어간다. 워런 버핏의 책을 읽었다면 주식이나 투자에 관한 책, 나눔과 기부 문화에 대한 책, 부자들의 철학에 대한 책 등을 읽는 것이다. 읽고 싶은 테마를 정하는 것이 별것 아닌 것처럼 보이지만, 책을 선택하고 구입하는 중요한 기준이 되며 좀 더 심층적이고 체계적인 독서를 하게 해준다. 실용 도서의 경우도 세분화된 분야가 많기 때문에 이런 식으로 매년 해당 테마를 바꾸어서 읽어보면 독서가 훨씬 재미있어진다. 나뿐만 아니라 많은 독서가들이 이런 방식을 통해서 다양한 분야를 섭렵한다.

상대적인 시간을 만드는 힘

책을 많이 읽고 싶은데 도무지 책 읽을 시간이 없다고 하는 사람들이 있다. 모든 사람들이 바쁘게 살지만 책을 많이 읽는 사람들은 여전히 많다. 책 읽을 시간이 넉넉하게 주어져서가 아니라 틈틈이 읽기 때문이다.

독서를 하는 사람과 시간이 없다고 핑계 대는 사람의 차이점은 절대적인 시간을 상대적인 시간으로 만들 수 있느냐에 달려 있다. 요즘은 태플릿 PC나 전자책 단말기를 통해 독서하기가 좀 더 쉬워지고 있다. 시간 관리를 잘해 낭비되는 시간을 줄일 수 있도록 계획을 세우면 얼마든지 책 읽는 시간은 생긴다.

먹기는 먹어도 방법은 다르게

모든 책을 처음부터 끝까지 다 읽을 필요는 없다. 동시에 여러 권의 책을, 때로는 필요한 부분만 읽을 수도 있다. 영국의 철학자 베이컨은 "어떤 책은 맛만 볼 것이고, 어떤 책은 통째로 삼켜버릴 것이며, 또 어떤 책은 씹어서 소화시켜야 할 것이다"라는 말을 남겼다.

시간과 장소에 따라 서로 다른 성격의 책을 읽어보자. 주말이나 휴일과 같이 연속된 시간을 확보할 수 있을 때는 집중이 필요한 책을 읽는 것이 좋다. 조용하게 사색하면서 내용을 음미하거나 지식을 흡수할 수 있는 책을 고른다. 사례 위주로 되어 있는 책이나 능력 계발이나 기술 개발에 관한 내용이 챕터별로 나누어져 있는 책은 이동 시, 혹은 평일 밤에 읽기에 적당하다. 한 번에 읽을 필요는 없고 나누어서 읽어도 크게 상관없는 책이기 때문이다. 미디어의 서평이나 인터넷 서점의 독자 리뷰를 자주 훑어보면 책을 고르는 데 도움이 된다. 책에 대한 안목 역시 음식과 같다. 자꾸 먹어봐야 맛있는 음식에 눈뜨듯, 자꾸 읽어보면 좋은 책에 대한 안목이 생긴다.

세상의 모든 상사가 사랑하는 부하

직장인인 당신에게 상사가 없다면 사장님일 확률 100퍼센트! 세상의 모든 직장인은 상사가 있다. 상사는 당신의 성적표를 가지고 있다. 무소불휘의 권력자 같지만 그들도 사람이다. 부하직원들은 상사에게 힘들다고 하지만 상사도 괴롭다, 외롭다, 힘들다, 그리고 돈 없다. 상사도 부하직원들이 조금만 신경 써주면 더 힘이 나겠다고 한다. 더 예뻐서 뭐라도 해주고 싶어질 것이라고 한다. 아부 안 해도 된다. 상사를 진심으로 기분 좋게 하는 부하의 행동 목록에 '아부'는 없다.

내 속을 들여다봐주는 부하, 눈물 난다

상사와 부하의 관계 이전에 결국 냉엄한 인간 대 인간의 관계. 이성보다 감정과 감성의 울림이 결국 더 클 수밖에 없다. 능력 있고 예의가 깍듯하나 곁을 안 주는 부하보다는 인간적인 관심과 배려를 보여주는 부하직원이 상사는 더 좋다.

자주 힘들고 지치는 사회생활에서 살갑게 대하며 나를 웃게 하는 직원은 예쁘다. 갑작스레 다음 날까지 꽤 많은 자료를 만들어야 하는 일을 앞두고, 갑자기 후배에게 도와달라 말하기도 어려워 혼자 일하고 있는데 서로 절친한 두 부하직원이 돕겠다고 남았다. "함께 퇴근하겠습니다" 하는 말에 천군만마를 얻은 듯. 밤을 꼬박 새워도 힘들지 않을 것 같은데 자정이 되기 전에 모두 끝냈다.

상사 주머니를 배려하는 부하도 감동이다. 매번 부하직원들 밥값, 술값을 내는데 같은 월급쟁이 입장에서 벅차다 싶을 무렵, 한 부하가 "비싼 건 못 사지만 오늘 점심은 제가 쏠게요!" 하는데 눈물이 다 났다고 한다. 매번 밥을 사도 잘 먹었다는 말 한마디 없는 부하들이 쌔고 쌘데, 부하가 사는 6천 원짜리 가정식 백반은 그 어떤 고급요리보다 더 맛있었다고 한다. '든든하다'는 느낌은 바로 이것. 단순히 계산된 아부만으로는 전해지지 않을 감동이다.

상사를 칭찬하는 부하, 복 받으리

부하는 상사에게 왜 칭찬은 안 하고 늘 잘못만 찾아내느냐 하지만 그건 부하도 마찬가지. 때문에 예외적인 부하를 만나면 감동이다. 상사 보기를 미운 시어미 보듯 하는 부하가 대부분인데, 씀벅씀벅 무심하게 내던지는 말 속에 화끈한 칭찬을 담는 부하의 기술은 메마른 마음에 한 줄기 시원한 소나기를 내리게 한다.

"잘 들어가셨습니까?" "잘 먹었습니다." "수고하셨습니다." "대단하십니다." "굉장하시네요." 하는 말을 적절하고도 부드럽게 구사하며, 좋은 점이나 잘한 일을 찾았을 땐 주저 없이 칭찬한다. 상사도 실수를 하고 모르는 것이 있다. 기회는 이때다, 하고 달려드는 부하보다 조용히 기다리고 믿어주는 부하가 고맙다. 그 믿음에 답하려고 더욱 고군분투하게 된다.

씩씩하게 표현하는 부하, 밉지 않다

말 안 하면 모른다. 말해야 안다. 대부분 충돌 없이 'Yes' 하면서 뒷담화에 익숙한 부하는 충격이다. 차라리 표현이 조금 거칠고, 예의 없고, 때론 말도 안 되는 것 같아도 앞에서 솔직하게 말하는 직원이 더 좋다. 하고 싶은 말이 있으면 "부장님, 저 드릴 말씀이 있는데 퇴근 후에 소주 한잔 사주세요"라고 말해보자. 상사는 긴장한다. 귀에 거슬리는 소리가 있을 것이라 예상하고 들을 준비를 한다. 큰 이유가 없어도, 기분이 좋든 나쁘든, 힘든 일이 있든 없든 함께할 자리를 청하는 부하에게 야박한 상사는 거의 없다.

상사는 자신에 대한 불만이나 비난을 이야기하면서도 자신을 믿고 고민까지 털어놓는 부하를 미워할 수 없다. 아무 말도 하지 않는 부하보다 무슨 말이라도 자꾸 하는 부하가 좋은 건, 상사가 리더로서 자신이 할 수 있는 일을 더 쉽게 찾아주기 때문이다. 사적인 대화에서도 상사를 소외시키지 말자. 공적이든 사적이든 이렇게 저렇게 쌓인 시간들이 서로 간의 신뢰와 응원을 배가시킨다.

이것저것 질문이 많은 부하, 믿음직하다

지나치게 과묵한 부하들이 있다. 도대체 무슨 생각을 하는지 알 수가 없다. 업무는 잘 진행되는지, 궁금한 건 없는지, 얼굴색이 좋지 않은데 무슨 일이 있는지……. 상사는 부하직원에 대해 알고 싶지만 참견하는 것 같아 선불리 묻기도 어렵다. 초보 상사 시절에는 '아니, 이런 것까지 물어보나? 바쁜데 웬만한 건 좀 알아서 하지'라며 조금은 귀찮아했지만, 시간이 지날수록 질문 없이 일하는 직원은 불안하다.

제대로 된 질문을 할 줄 아는 직원은 상사에게도 자극이 된다. 질문이 많다는 것은 그만큼 고민한다는 것이고, 해답을 찾은 직원은 그 일에 실수도 없고, 문제가 발생해도 대처 능력이 뛰어나다. 자신도 생각하지 못했던 부분에 대해 질문하고 함께 대비책을 세우는 등 처음 주어진 일보다 더욱 꼼꼼하게 발전시켜 가는 직원, 상사는 기분 좋은 긴장을 하게 된다. 믿음직스럽지 않을 수 없다.

팀의 빛과 소금, 너 때문에 산다

상사의 손에 다 미치지 못하는 곳이 있다. 리더로서 팀워크에 늘 신경을 쓰지만 생각지도 않게 삐거덕거리는 일이 생긴다. 이럴 때 나서서 그 애매한 분위기, 험악한 분위기, 썰렁한 분위기를 귀신같이 와해시키는 직원은 정말 고맙다. 같이 일하다가 분위기 안 좋으면 눈치 빠르게 웃긴 이야기를 하며 모두를 웃게 만드는 직원, 직원들 일에 상사를 스스럼없이 끼워주는 직원, 상사가 자리를 잠시 비워도 동료들을 다독여 그 빈자리를 꽉 채워주는 직원. 힘이 안 나려야 안 날 수 없다.

무엇보다 누군가는 꼭 해야 하지만 다들 하기 싫어서 서로 눈치만 보고 있는 일을 자청해서 하겠다고 나서는 부하는 업어주고 싶게 예쁘다. '자청한다'는 건 '일에 대한 책임을 지는 것'으로 이 기특한 부하를 무엇이 됐든 전적으로 도와주고 싶게 만든다. 부하직원으로서 '당연하다'고 생각하면서도 나는 지금 하지 않는 일, 그 일이 상사를 감동시킨다.

상사를 인정해주는 부하, 천군만마! '상사는 나를 어떻게 생각할까?' 부하들은 사실 그게 늘 궁금하다. 그에 못지않게 안 그런 척해도 상사 역시 '저 친구가 나를 어떻게 생각할까?' 하며 부하의 속마음을 알고 싶다. 부하들이 잘해줘야, 부하들에게 신망이 있어야 자신도 더 성장할 수 있기 때문이다.

상사는 부하에게 인정받고 싶은 욕구가 강하다. 아무리 부하직원들이 보기에 부족한 점이 많은 상사라도 존재감 있는 사람이 되고 싶어 한다. "저희가 알아서 할게요." "걱정 마세요. 혼자서도 할 수 있을 것 같습니다." 이런 말은 얼핏 상사에게 힘이 되는 말 같지만 상사를 소외시키는 말이기 쉽다. 상사의 의향을 묻지 않고도 일을 잘할 수 있고 좋은 성과를 낼 수 있지만, 상사와 어떤 커뮤니케이션도 하지 않고 일하는 건 좋지 않다. 혼자 열심히 일하는 것도 좋지만 상사의 의중을 자주 파악하는 일은 상사를 인정하는 가장 좋은 태도다. 상사에게 의견을 묻고 상사의 조언에 감사를 표현하는 자세는 상사에게도 좋은 일이지만, 부하 스스로 자신의 이미지를 높이는 일이다.

우리 앞과 우리 옆의 리더

유머를 버무린 긍정 감성 '루스벨트' 형 리더

미국 하버드 대학의 학생들이 평소 부모님께 가장 많이 들은 말은 "괜찮아. 잘될 거야"라고 한다. 그런데 평소 이런 말이 별로 힘이 되거나 위로가 되지 않는 경우가 있다. 이런 사람은 평소에 내색을 안 하지만, 무슨 일이든 일이 잘 안 될까 봐 초조하고 걱정이 많다. 최악의 사태를 먼저 생각하는 버릇 때문에 무작정 낙관하는 말은 귀에 들어오지 않는다. "잘 될 겁니다"라고 말하면 '나도 당신들처럼 속 편한 소리 하고 싶다'고 생각한다. 이 사람이 생각하는 리더의 모습은 최악의 사태에 늘 대비해야 하는 사람이기 때문이다.

리더는 어떤 일을 진행할 때 늘 최악의 사태를 가정해서 준비해두어야 한다. 맞는 말이다. 하지만 아무리 위기라도 끝까지 낙관과 긍정의 에너지를 버리지 않고 이끌어야 한다. 루스벨트 대통령은 재임 시절에 초조해하거나 낙담한 모습을 거의 보이지 않은 것으로 유명하다. 거기엔 두 가지의 중요한 비결이 있었다. 하나는 남다른 낙관주의, 그리고 또 하나는 그것을 세련된 유머로 표현하는 능력이다.

'재앙'이라고 불렸던 미국의 대공황 시절, 루스벨트는 가능한 많은 사람의 참여를 이끌어내고 분열보다는 단합을 유도하고 사람들에게 힘과 용기를 주었다. 공식적이고 딱딱한 형식이 아니라 난롯가에서 친지들과 정담을 나누듯 말하는 라디오 연설을 통해 "막연하게 두려워하지 말자. 두려움의 실체를 알고 하나하나 극복하자"는 메시지를 전달함으로써 국민들에게 자신감을 불어넣었다. 리더가 언제나 여유와 유머를 갖는다는 것은 대단히 큰 힘이다. 그는 "밧줄 끝까지 갔을 때는 매듭을 묶고 매달려라"는 유명한 말을 남겼다. 아직 밧줄이 있는 상황을 낙관하며 함께 힘을 모을 것을 설득하는 것이 진정한 리더의 자세다.

따뜻하게 공감해주는 마음을 가진 '김태원' 형 리더

업무에서는 완벽한 리더인데, 직원들의 개인 사정을 알아줘야 하는 일에 어려움을 호소하는 경우가 있다. 직장에서는 누구든 업무에만 신경을 써야 하는데, 남의 가정사까지 챙겨야 하는 일이 내키지 않는다. 직원들이 좀 공과 사를 구분했으면 좋겠다. 개인적으로 한둘씀 어려운 일 없는 사람이 어디 있을까 싶다. 제발이지 사적인 문제는 다른 사람이 알지 못하게 스스로 잘 관리하는 사람이 좋다고 생각한다.

록그룹 '부활'의 리더 김태원은 한 오디션 프로그램의 심사위원으로서

참가자의 내면을 위로하고 어루만지며 따뜻한 카리스마를 잘 보여주면서 큰 인기를 얻었다. 오랜 세월 비주류 음악을 하는 그룹의 리더로서 쉽지 않은 시간을 견뎌왔고, 개인적·가정적으로도 고통스러운 시간을 보내온 만큼 타인의 어려움이나 고통에도 민감하다.

김태원의 민감성은 공감하려는 따뜻한 마음에서 나온다. 누군가 내 사정을 이해하고 함께 아파해준다는 것은 굉장한 위로인 동시에 힘이 된다. 리더는 실무를 보는 사람이 아니라 사람을 데리고 일하는 사람이다. 따라서 구성원의 사정을 헤아리는 일을 귀찮아해서는 안 되는 것이 리더의 중요한 업무다. 좀 더 따뜻한 눈길과 열린 마음으로 부하직원에게 다가가보자. 그들은 더 열정적으로 일하게 될 것이다.

목표와 뜻이 컸던 선 굵은 '김만덕' 형 리더

여성 리더가 겪는 독특한 어려움이 있다. 아직도 여성 리더에 대한 선입견 때문에 업무 파트너가 여자면 미덥지 못하다는 걱정을 내비치는 경우가 있다. 일 잘하면 '여자 같지 않아'라며 여자 부류에서 독립시키려 하고, 약간의 실수라도 하면 '여자들은 다 저래' 하는 눈치를 보낸다. 어떻게 하면 성性을 떠나 든든하고 신뢰감 있게 보일 수 있을까?

리더의 토털 모델이라고 할 수 있는 조선시대 말 제주 여성 김만덕은 웬만한 남자도 못할 일을 해낸 여장부다. 여성이자 천민으로서 당시 천시되었던 상업을 통해 거부가 되면서 나라도 어찌 못한다는 가난을 구제하고자 구휼활동을 폈다. 제주에 대기근이 닥치자, 전 재산을 풀어 육지에서 사온 쌀로 기근을 구제하는 데 힘을 모은 일은 정조까지 감동시켰다. 그 시대가 어떤 시대였나? 지금보다 훨씬 여성에게 가혹했던 시대다.

하지만 자신의 처지와 환경을 탓하지 않고 목표와 뜻을 크게 가지고 열정을 잃지 않았던 배포가 시대와 신분의 한계를 이겨냈다.

리더는 단기적 목표에 집중하는 것도 중요하지만 멀리 넓게 보는 시각도 절대적으로 필요하다. 김만덕은 중앙권력의 시혜가 닿지 않는 섬에 필요한 것은 법이 아니라 밥이고 약이라는 점을 직시하고, 당시에 천시되었던 상업을 크게 일으키는 것만이 굶주리고 아픈 백성들에게 실질적인 도움이 된다는 점을 깨달은 것이다. 그러면서 김만덕은 백성과 함께 소통하고 희망을 나눴다. 남의 시선이나 입방아에 일희일비하지 않는 것도 단단한 리더가 되는 잔 훈련이다. 나의 길을 뚜벅뚜벅 가라. 그렇게 걸어간 길이 누적되는 만큼 신뢰는 저절로 쌓인다.

최선의 선택을 위한 기술

우리 삶은 선택의 연속이다. 마트에 가서 수많은 치약 상품 중 하나를 고르는 사소한 것부터 중요하고 골치 아픈 것에 이르기까지 평생 뭔가를 끊임없이 선택하는 일이 우리 삶이다. 그리고 그 선택의 결과들은 차곡차곡 모여서 나를 말해준다. 아쉬움은 있어도 후회하지 않는 선택을 하려면 어떻게 해야 할까?

부정적 예측 금지

우리는 선택을 해야 할 때 이 선택으로 발생할 결과를 미리 생각하게 된다. 그런데 문제는 우리가 앞으로 닥칠 일에 대한 부정적인 감정을 과하게 예측하는 것이다. 이런 성향은 선택을 더욱 어렵게 한다. 하지만 우리가 경험한 것을 돌아보면 선택에 대한 결과로 어떤 일이 벌어지든 우리가 생각하는 것만큼 그렇게 최상이지도 그렇게 최악이지도 않았다는 것을 알 수 있다. 이번 자격증 시험도 실패하면 살맛이 안 날 것 같지만 생각보다 고통스럽지 않고, 너무나 갖고 싶었던 어떤 물건을 손에 넣기만 하면 세상을 다 가진 기분일 것 같지만 실제 그것을 산다고 해도 그 정도 기분은 아니지 않았나. 미래에 일어날 일에 대한 과도한 걱정을 접어두면 선택은 훨씬 가벼워진다.

마음 따라 가기

중요한 선택 앞에서 우리는 수많은 정보나 자료를 통한 체계적이고 과학적인 근거를 가지고 더 나은 선택을 하려고 한다. 그러다 보면 정보가 너무 많아서 선택에 더 어려움을 겪는다. 자기 마음이 정보가 말해주는 것과 다른 쪽으로 갈 때는 갈등이 더 커진다. 정보나 자료가 합리적인 선택을 하는 데 도움을 줄 수는 있지만 '난 이상하게 이쪽으로 마음이 간다' 싶을 때는 마음 가는 대로 행동하는 것이 더 좋을 때가 있다. 마음이 간다는 것은 감정적인 반감이 적다는 것으로 행복감, 만족감이 높아질 확률이 높다. 만약 마음 가는 쪽으로 선택하지 않고 다른 쪽을 선택한 후 결과가 좋지 않을 때는 마음 가는 쪽을 선택해 좋지 않은 결과를 얻을 때보다 상심이 크다.

관점 바꾸기

어떤 문제를 선택할 때 항상 해왔던 생각을 확 바꿔보면 선택이 더 쉬워질 수 있다. 긍정적인 사고를 가진 사람과 부정적인 사고를 가진 사람의 차이점을 보여주는 가장 단적인 예가 물잔에 물이 반이 남았을 때 사람들의 반응이다. 긍정적인 사고를 가진 사람은 "아직 물이 반이나 남았네"라고 이야기하고, 부정적인 사고를 가진 사람은 "물이 반밖에 남지 않았네"라고 말한다. 이처럼 사람들이 어떤 관점에서 세상을 보느냐, 상황을 어떻게 표현하느냐에 따라 생각하는 방향이 달라지고 나아가 선택도 달라진다. 지금까지의 생각이 '두 바퀴 자전거'였다면 반대로 '외발 자전거'를 생각하고, '푹신한 침대'였다면 '딱딱한 침대'를 생각해보자. 180도 다르게 생각하기. 완전히 새롭게 접근할 때 생각의 폭은 넓어지고 선택은 더 수월해진다.

평상심에게 묻기

우리는 어떤 선택 앞에서 이성이 아닌 감정에 영향 받는 것을 경계한다. 사람이기 때문에 감정이 없을 수는 없지만, 올바른 선택을 하기 위해서는 최대한 감정적으로 격앙되어 있거나 침체되어 있을 때는 선택을 피하는 것이 좋다. 뭔가 크게 화가 나 있거나 흥분된 상태같이 감정에 영향을 받을 수 있는 상황에서는 중요한 의사 결정은 피하는 것이 좋다. 우리가 밤에 쓴 편지를 아침에 다시 읽어보면 부치지 못하게 되는 것도 감정이 크게 작용한 내용이었기 때문으로 유치하거나 민망해서 보낼 수 없게 되는 것이다.

내가 틀린 이유 찾기

TV 토론에 나오는 토론자들이 상대방에게 제시한 반대 의견을 무시한 채, 자기 주장을 더욱 견고하게 해줄 근거에만 집착하며 목소리를 높이거나 말이 길어지면 그 사람을 별로 탐탁지 않게 본다. 그런데 우리들이 보통 그렇다. 의사 결정을 할 때 자기의 주장과 상반되는 증거에 대해서는 외면한 채 자기 주장을 뒷받침해줄 수 있는 증거만을 찾는 실수를 한다. 이미 선택은 정해졌고 그것에 동조하고 지지해줄 사람을 찾아 자기 선택을 합리화한다.

하지만 좋은 선택을 하고 싶다면 자신의 주장을 뒷받침해줄 수 있는 증거들만 찾아서는 안 된다. 오히려 힘들고 어렵더라도 자신이 틀리다는 또는 틀릴 수도 있다는 반증의 증거를 찾아야 한다. 《손자병법》에 "친구보다 적을 가까이 두라"는 말이 있는 것도 이 때문이다. 자기 생각에 반대하는 사람을 멀리하는 것보다는 왜 그런 이야기를 하는지를 잘 살펴본다면 더 좋은 선택을 할 수 있다.

기준은 과거보다 미래

류시화의 시에 "새는 날아가면서 뒤돌아보지 않는다"라는 구절이 있다. 우리의 선택도 날아가는 새와 같아야 한다. 엎질러진 물은 다시 담을 수 없듯이 지나간 과거에 얽매여 선택을 어렵게 만들지 않아야 한다. 그런데 우리는 어떤 것에 시간과 돈 그리고 노력에 대한 본전 생각이 강하다. 그 본전 생각은 합리적 선택을 방해한다. 물론 과거의 경험도 중요하다. 하지만 선택의 기준은 미래가 맞다.

Action talk

Q & A 위기의 강이 제 앞에 있습니다

"동료가 상사가 되었어요!"

Q 저는 7년차 직장인입니다. 최근 회사 사정이 어려워지면서 실적 압박에 시달리고 있죠. 그런데 얼마 전 경력직으로 입사한 지 1년도 안 된 동갑내기 동료가 먼저 승진이 됐습니다. 눈앞에 캄캄하네요. 그의 인사발령 자체가 퇴사 압박이 아닌가 하는 생각이 듭니다. 제가 믿고 따르던 부서 선배에게 상의했더니 자신은 3개월 후에 새로운 일을 하기 위해 퇴사할 예정이라니 더 심란합니다. 이 회사에서의 실적도 나쁘지 않은데 괜히 저만 물 먹는 것 같아 억울하고 자존심이 상합니다. 일단 이직은 생각하지 않고 있지만, 문제는 이제 동료를 상사로 대우해야 한다는 점이 괴롭습니다.

A 잘 지내고 있던 동기나 동갑내기 동료가 먼저 승진해서 아주 어색한 관계가 되는 경우, 종종 있습니다. 그런데 동기를 제치고 혼자 승진한 당사자도 그리 마음이 편하지만은 않습니다. 아무리 공정한 절차에 의해 승진했다 하더라도 마치 가해자 같은 심리적 불편함이 남아 있죠. 상대방과 이전처럼 스스럼없이 지내고 싶지만, 그도 왠지 어색하고 부자연스러울 거예요. 배려심이 깊은 분이라면 행여 자신이 승진하지 못한 동료에게 상처를 줄까 말 한마디가 조심스러울 것입니다.

경쟁에서 밀리고 기분 좋을 사람은 없겠지만, 이미 엎질러진 물을 다시 담을 수는 없습니다. 계속 심리적으로 다운되어 있으면 동료들에게도 자기 스스로에게도 좋은 영향을 미칠 수 없습니다. 동기가 먼저 승진했다고 해도 팀제의 가속화로 각자의 업무가 분화되어 있는 경우가 많기 때문에 사실상 업무상으로 부딪칠 일은 많지 않습니다. 감정적으로 나빠진 기분을 이

성적으로 회복하고 먼저 상대를 자연스럽게 대할 수 있는 의연함을 가져보세요. 쉽진 않겠지만 승자는 아무리 조심해도 패자가 고깝게 듣기 시작하면 문제해결의 실마리는 없습니다.
승진한 동기에게 직위에 맞게 호칭을 불러주면서 축하해주세요. 불편한 마음을 보이기보다 적극적으로 돕겠다는 마음을 보이는 것이 누가 봐도 더 큰 그릇으로 보입니다. 다음을 기약하기도 더욱 좋죠. 그리고 아랫사람에게 승진한 동료를 말하는 경우라면 "김 과장님, 어디 가셨습니까?"와 같이 상대방의 위치를 인정하고 적합한 호칭으로 불러주면 누구든 당신의 됨됨이를 인정할 겁니다. 그것은 상사가 된 동료를 감동시키고 다른 사람들이 당신을 다시 평가하게 하는 방법입니다.

"원치 않는 부서에 발령 받아 무능한 직원으로 찍혔어요!"

Q 대학을 졸업하고 대기업에 취직한 지 2년 됐습니다. 기획 및 마케팅 부서를 지원했지만 영업 파트에 배치가 됐죠. 저희 회사는 임원들도 영업부 출신이 많고, 영업부 비중이나 대우도 남다른 편입니다. 원한 곳은 아니었지만 그리 나쁘지 않다 생각하고 열심히 했습니다. 그런데 노력에 비해 영업 실적이 오르지 않아 영업부에서 떠밀리다시피 하여 사무직으로 옮겨가게 되었습니다. 강제로 저를 떠맡게 된 지금의 상사는 그런 제가 달가울 리 없고, 새로 옮겨간 부서에서도 골칫덩이 취급을 받고 있습니다. 원치 않는 부서에 발령 받아 무능한 직원으로 찍힌 셈이죠. 어떻게든 오명을 벗어보려고 아침에 일찍 출근하고 일도 열심히 하고 있지만, 성격상 사무직은 제게 고역입니다. 더 늦기 전에 퇴사해서 다른 직종으로 전직을 해야 할까요?

A 무능해 보이는 사람이 자기 부하가 되는 것을 반길 상사는 없습니다. 능력 있고 상식 있는 상사일수록 유능한 사람을 원합니다. 그래서 그런 상사의 눈에 들거나 동료 간에 인정을 받으려면 당신의 몸값을 높여주는 노력을 게을리 해선 안 됩니다. 모두 자기 몸에 맞는 옷만 입을 수 없는 것이 직장생활이죠. 당신의 몸값이 높아지면 그들이 먼저 문을 두드릴 거예요.

지금은 와신상담臥薪嘗膽이 필요한 시간입니다. 일단 새로 발령 받은 부서에서 모르는 것은 굴욕을 감수하고라도 배워야 합니다. 그리고 시간이 필요합니다. 당신의 성실한 자세, 열심히 하려는 자세는 한두 번으로는 다 알아봐주지 않습니다. 꾸준한 모습, 시간이 가도 변함없는 자세로 실력과 능력을 빵빵하게 충전해서 멀티플레이어가 되든, 남다른 전문가가 되든 정당한 경쟁 속에서 제 몫을 제대로 하는 사람이 되어야 합니다. 마케팅이나 영업 쪽의 업무가 더 맞다고 생각하면 그 방면의 공부를 부지런히 하고, 늘 업계의 뉴스도 예민하게 수집하면서 기회가 주어졌을 때 주저하지 않도록 준비가 돼 있어야 합니다. 어떤 회사를 가든 이런 과정은 반드시 필요하다는 것을 인식하고 전직이나 이직의 움직임에는 아직 신중한 게 좋을 듯합니다.

"구설수에 휘말렸어요!"

Q 저는 직장 여성으로 입시한 지 6개월 된 신입사원입니다. 얼마 전 부서 선배와 식사를 하러 갔습니다. 한때 제 출신 학교를 다니다가 다른 학교로 편입학해서 졸업했다며, 그래도 반쪽짜리지만 학교 선배라며 저녁을 사겠다 해서 기분 좋게 먹고 2차로 맥주를 마시고 노래방도 갔지요.

그런데 다음 날 출근하자마자 이상한 분위기가 감지되었습니다. '어, 이 분위기 뭐지?' 하고 있는데, 결국 화장실에서 타 부서 동료가 하는 말을 듣고 말았습니다. "관리팀 신입사원 J씨가 김 과장하고 그렇고 그런 사이라며?" 기가 막힌 일이었지만 조용히 있기로 했어요. 이것이 소문을 가장 빠르게 잠재우는 길이기 때문이죠.

그런데 문제는 그 선배가 그날 이후로 저에게 표 나게 호감 어린 행동을 하는 겁니다. 저는 너무 부담스러웠죠. 같은 부서에서 함께 일하며 부딪쳐야 할 일도, 마음을 거절해야 하는 일도 어떻게 해야 할지 모르겠어요. 다른 사람들 입방아에 더 오르기 전에 어떻게든 빨리 정리해야 하는데, 어떻게 기분 상하지 않게 거절할지 고민입니다. 그냥 모른 척하고 차갑게 대하면 제 풀에 꺾이지 않을까요?

A 그래도 거절해야 합니다. 다른 사람의 눈이나 구설수가 무서운 게 아니라 정말 그 선배와의 관계를 제대로 설정하지 못하면 더욱 어려워질 수 있기 때문입니다. 사적인 농담이나 공감대를 이룰 만한 이야기는 절대 하지 않는 조심성이 필요하고, 그런 가운데 때론 상황이 여의치 않아 거절할 수밖에 없는 경우에도 예의를 잃지 않아야 합니다. "평소 저에 대한 과장님의 관심과 호의 감사합니다. 업무적으로만 제게 도움을 주시면 감사하겠습니다." 이런 말이 당장은 관계를 서먹하게 만들겠지만, 당신이 업무적인 문제에서 아무렇지 않게 대할 수 있고 성실하게 임할 수 있다면 그 선배도 자신을 배신한 행위라고 느끼지 않을 것입니다.

선배만 보면 거절하는 일이 너무나 어렵지만, 자칫 거절하지 못하면 둘 다 낭패 보기 쉽기 때문에 꼭 거절해야 하고 잘 거절해야 합니다. 이 방법이 어렵다면, 편법이긴 하지만 시간을 두고 사내에 맘에 드는 동료가 있는 것처럼 살짝 떠벌리고 다니는 것도 방법입니다.

Chapter 2

회사가 붙잡는 사람은 따로 있다

Chapter 2

회사가 붙잡는 사람은 따로 있다

조직과 눈높이를 맞추는 사람이 인재다

성상만을 강조하던 시대는 지났다. 과거에는 조직의 성공을 개인의 희생을 통해 이룬 추가적인 성취물로 생각하던 시절도 있었다. 하지만 지금의 경영자들은 그런 생각으로 기업을 운영하지 않는다. 인재가 모여들지 않기 때문이다. 이제는 '성장'과 함께 직원들이 꼭 그렇게 되기를 기원하는 '상생相生'이 필요하다. 즉 조직과 개인이 함께 성장·발전해나가야 한다. 그러기 위해서는 청사진이 필요하다.

기업이 이윤을 높이기 위해서는, 직원들에게 많은 노동을 시키고 적은 임금을 지급해야 한다는 것이 일반적인 상식이다. 그런데 이러한 일반적인 생각을 깨고 개인과 조직 간에 새로운 관계 맺기를 통해 함께 상생하는 기업들이 점차 늘어나고 있다. 예를 들어 구글은 '대학원 같은 회사' 분위기가 취업지망생들에겐 더 없이 매력적인 회사다. 뿐만 아니라 구글은 분권화된 수평 조직, 작고 자율적인 팀, 직원들의 자율 보장, 급여 차등화를 통해 관료주의를 없애고 누구든 아이디어를 실행에 옮기도록 지원하고 있다. 세계적인 유통회사 홀푸드마켓은 직원들에게 충분한 재량권을 준다. 판매대 직원들이 어떤 물건을 구매할 것인지 직접 결정하고, 팀 단위로 일하면서 동료들이 신규 고용이나 해고에 대한 재량권을 가짐으로써 직원들의 열정을 이끌어냈다.

지식기반사회는 '사람'이 중심이다. 경쟁력의 원천이 사람으로부터 나오기 때문에 기업의 경쟁력은 사람, 즉 조직 구성원의 열정과 충성도가 핵심이다. 물론 개인 스스로도 기업이 필요로 하는 지식과 기술을 습득함으로써 미래에 대비할 필요가 있다. 개인이 그냥 묻어가는 일이 생겨서는 안 된다. 무임승차가 아니라 유의미한 승차가 되어야 한다. 서로가 서로의 발전을 도모하는 관계야말로 오랫동안 함께할 수 있는 가장 이상적인 모습일 것이다.

한 TV 프로그램에서 훈련소에 입소한 여군 부사관 후보생을 소개하는 것을 본 적이 있다. 당시 훈련 조교는 "여군 부사관 후보생들의 투지와 열기가 남군보다 한층 강하다"고 평가했는데, 구호를 외치는 여군 후보생들의 눈빛은 확실히 남달랐다. 설렁설렁한 기운은 찾아볼 수 없이 악착같고 패기가 넘쳤다. 흉내만 내는 나긋나긋한 여성의 모습은 어디에서도 찾을 수 없었다.

여군이기 때문인가 생각도 했지만, 그 차이의 근본은 다른 데서 읽을 수 있었다. 스스로 지원해서 온 사람과 의무적으로 해야 하는 사람의 차이 말이다. 여군 후보생들에겐 부사관 임관 자체가 가슴에 품은 뜨거운 소망이다. 높은 경쟁률을 뚫고 누가 하라고 해서 하는 게 아니라 본인이 정말로 하고 싶어서 하는 일이다. 그보다 더 확실한 동기부여는 없었다. 그러니 그들이 뿜어내는 힘찬 기운은 남다를 수밖에 없었던 것이다.

동기부여가 확실한 조직은 군대든 기업이든 다른 경쟁자가 좀체 당해낼 수가 없다. 조직원들이 스스로 땀 흘리고 희생하고 협조할 때 조직의 발전과 성공은 개인의 성취와 일치점을 이룬다. 이것은 주어진 일만 겨우 해내는 머슴 의식으로는 가능하지 않다. 어떤 일을 해도 내 일처럼 하고 내 사업처럼 하는 주인의식이 있을 때 동반 성장이 가능하다.

철강왕 앤드류 카네기는 “지금보다 나은 일을 얻고자 한다면 자신의 능력을 더욱 진보시켜야 한다”고 말했다. 실제 그는 초등학교 학력이 전부였지만, 모든 일자리에서 자기 능력을 넘어서는 일을 어깨 너머로 배워 성장했던 인물이다. 가령 전신국에 전보 배달원으로 취직하자마자 진신 업무를 익혀두었다가, 담당자가 자리를 비운 사이에 능숙하게 업무를 대신해 상사에게 인정받고 정식 전신기사가 되었다.

주인의식을 갖춘 사람은 항상 ‘뭘 좀 잘해볼까’ ‘이 일은 어떻게 하면 더 잘할 수 있을까’ ‘이것은 어떻게 해야 손해를 줄일 수 있을까’를 궁리하는 사람이다. 그런 사람은 조직에서도 자신이 맡은 분야에서 끊임없이 공부하고 궁리한다. 내가 이 회사를 키울 거라고 생각하고, 출근하는 기분도 업무에 임하는 자세도 다르다. 이런 사람에게 조직과 개인은 윈윈의 관계가 된다.

주어진 일도 제대로 못하고, 특별하게 기여도 못하면서 회사에게는 자신의 평생을 책임지라는 직원은 다 커서도 부모에게 계속 의존하려는 자식과 같다. 성공 법칙은 수없이 많다. 하지만 가장 기본이 되는 법칙은 현재 자신이 몸담고 있는 자리에서부터 성공해야 한다는 것이다. 자기에게 주어진 자리에서 반드시 필요한 사람이 된다는 것은 어디서나 성공할 수 있는 자격을 갖춘다는 뜻이다.

오피스 패밀리는 내가 만든다

하루 중 가족보다 더 많은 시간을 함께 보내는 직장 동료. 그래서 직장 동료들과 잘 지내는 것은 일의 능률은 물론이고 일상의 활력소가 된다. 단순 건조하게 업무 파트너의 개념만으로는 서로 협조하고 함께 실적을 달성해야 하는 과정을 매끄럽게 이어가기 힘들다. 특히 우리의 정서상 인간적으로 좋은 관계라면 잘 안 될 것 같은 일도 매끄럽게 풀린다. 아직도 직장 동료를 무미건조하게 업무적인 협조자만으로 생각한다면 지금이라도 관계 형성에 변화를 주는 일이 필요하다. 업무가 이전보다 더 매끄럽게 진행된다는 것을 실감할 수 있을 것이다.

직장생활 초기에는 동료애를 느낄 여유 없이 정신없이 시간이 지나간다. 하지만 지나고 보면 '아, 이런 게 동료애구나' 하고 느끼는 경우가 생기고, 경력이 쌓일수록 동료애는 없어서는 안 될 직장생활의 큰 에너지라는 것을 깨닫게 된다. 업무 중심의 직장이지만 동료들과의 좋은 유대관계와 우정은 회사 생활의 또 하나의 즐거움이다. 그렇게 되기 위해서는 동료에게 먼저 관심을 보이고 손을 내미는 적극적인 자세가 무엇보다 중요하다.

무역회사에 다니는 직장인 L씨는 얼마 전 동료에게 그런 적극성과 따뜻한 마음을 배웠다고 한다. L씨는 얼마 전에 치매를 앓고 계신 어머니를 노인병원에 입원시킨 후 마음이 좋지 않았다. 그런데 평소 그리 친하지도 않았던 동료 K가 "그동안 고생이 많으셨겠네요. 저도 처음에 어머니 노인병원에 모시고 불효자가 된 것 같아서 괴로웠는데, 요즘은 오히려 시설들이 집보다 더 잘 갖춰져 있어서 찾아뵐 때마다 잘했다는 생각이 들어요"라고 말하는 게 아닌가. L씨는 자신의 처지까지 솔직하게 말해준 K가 더없이 고마웠다. 이후 가끔 어머님의 안부를 묻곤 하는데, 이젠 K에겐 어떤 고민도 말할 수 있게 되었고 서로 의지하면서 지내는 가까운 동료 사이가 되었다.

동료와 친해지기 위해서는 상대방에게 관심을 갖는 것에서부터 시작해야 한다. 상대방에게 관심을 보일 때 상대방은 마음의 문을 열고 내 일에도 관심을 가져주며, 이러한 과정을 통해 우정을 쌓는 동료 관계로 발전할 수 있다. 타인의 관심을 부담스러워하는 사람이라면, 가랑비에 옷 젖듯 천천히 다가가는 방법이 효과적이다. 아무리 까다롭거나 차가운 이성만 발달한 사람이라도 꾸준하고 세심한 관심에는 마음의 문을 열 것이다.

'오피스 스파우즈Office Spouse'라는 말이 있다. 드라마 〈역전의 여왕〉이나 〈결혼 못하는 남자〉 등에서도 묘사되는 오피스 스파우즈는 남편과 아내처럼 서로에게 의지하는 이성 동료, 업무상 부부를 뜻하는 말로 사내 연애와는 다른 감정이다. 직장에서 유난히 친한 남자 동료는 '오피스 허즈번드Office Husband', 여자 동료는 '오피스 와이프Office Wife'라는 말로 통용되는데, 이성의 직장 동료끼리 강한 동료애를 가지고 업무에서 시너지 효과를 낸다는 긍정적인 시선이 있다. 실제로 현대인들이 가정보다는 직장에서 보내는 시간이 훨씬 많고, 배우자보다는 직장 동료와 공통의 관심사나 성취감을 나눌 수밖에 없는 사회 구조에서 비롯된 것이라 할 수 있다.

물론 자칫 '선'을 넘을 수 있다는 부정적인 시선과 위험도 있다. 하지만 예의와 자기관리가 선행된다면 업무적인 협조를 하는 가까운 직장 동료가 한둘은 필요하다. 직장에서 잘 사귄 동료가 회사 생활에 격려 또는 자극이 되기도 하고, 서로 고민을 이야기하며 도움을 받을 수도 있다.

지금보다 좀 더 친해지고 싶은 동료가 있다면 자신의 고민을 먼저 이야기해보자. "A씨, 이상하게 난 예전에 해봤던 일이 요즘엔 더 잘 안 되네. 경험이 있는데도 뭐가 문제일까?"라든가, "요즘 우리 딸이 유별나게 예민하네. B씨 딸은 어때?" 같은 회사나 가정생활 중 일어나는 고민을 말하면서 상대의 마음을 열고 실질적인 도움을 받는 것이다.

반대로 동료의 말에 귀를 기울이고 같이 고민해주는 태도도 필요하다. 해결책을 찾아줘야 한다는 부담보다 잘 들어주고 같이 고민하는 것만으로도 직장에서 동료애를 발휘할 수 있다. 대화할 때 자기의 할 말만 하고 상대의 말에는 귀를 기울이지 않는 태도와 내 진심은 은근히 가리고 보여주지 않는 태도로는 좋은 동료 관계를 기대하기 어렵다. 진심으로 힘이 되는 동료를 얻고 싶다면 마음을 여는 자세가 가장 중요하다.

뜨겁게 싸우고 시원하게 기여하라

세상을 움직이는 사람들은 영웅적이고 신화적인 리더들이 아니다. 자기 자리에서 조용하고 성실하게 일하는 수많은 사람들의 노력과 아이디어의 합작품이다. 한 명의 뛰어난 인재가 성큼성큼 나아가 열 명을 이끄는 것보다, 열 명의 보통 인재가 함께 한 걸음 나아가는 것이 조직 발전에 더욱 유용하다. 조직 안에서 적극적으로 움직이는 '나'가 많아지고 이런 이들이 서로 발걸음을 맞추다 보면 보폭도 커지고 속도를 더 낼 수도 있다. '나'는 어떤 팀원이 되어야 할까?

만화 〈개구쟁이 스머프〉는 캐릭터 자체도 귀엽지만, 한 공동체 안에서 서로 돕고 존중하고 이해하는 스머프들의 관계도 볼 수 있다. 어린이들에게는 더할 수 없이 좋은 교육이 되고, 경쟁과 효율을 강조하는 조직생활에 지친 어른들도 미소 짓게 한다.

스머프 캐릭터는 조직에도 적합한 팀 유형이다. 똘똘한 A, 아이디어가 풍부한 B, 미적 감각이 풍부한 C 등 스머프들은 자신만의 장점이나 능력이 다르지만, 서로 경쟁하거나 시기, 질투를 하지 않으며 존중하고 이해하면서 문제를 해결한다. 그리고 나의 부족한 점은 다른 동료가 채워주고 동료에게 부족한 점은 내가 도와서 채워주는 식이다.

어떤 경우든 이상적인 형태의 팀워크가 되려면 기본적으로 자신만의 역량을 한 가지 이상 갖추고 팀에 확실하게 기여해야 한다. 아직 개인의 팀 기여에 대한 정확한 평가와 철저한 차등 보상 시스템이 이루어지지 않고, 골고루 나눠주기 식으로 보상이 이루어지는 조직에서는 팀 공헌도가 높은 동료들의 불만이 누적되기 쉽다. 저울에 무게 달 듯 세밀하게 팀 기여도를 계산하기는 어렵지만, 스스로 '묻어가는 사람' '업혀가는 사람'이라는 인식이 들지 않아야 한다. 작고 사소한 부분이라도 전문 분야가 없기 때문에 이 일을 해도 저 일을 해도 그냥 무난한 그저 그런 사람은 곤란하다.

좋은 팀워크는 좋은 관계에서 온다. 그런데 태생적으로 팀플레이를 잘 못하는 사람이 있다. 사사건건 부딪치면서 팀워크를 흔들어놓는 사람이 바로 내 옆의 동료라면 정말 괴로울 것이다. 그렇다고 직장을 그만둘 수도 없는 노릇. 이럴 땐 좀 더 적극적인 해결방법을 찾아야 한다.

보통 팀워크에 무심하거나 문제를 야기하는 사람은 자신이 팀에 쓸모없는 존재이거나 비중이 약하다고 생각하는 경우가 많다. 그런 사람에겐 인간적으로 접근하고, 장점을 찾아 확실하게 인정해주는 액션이 필요하다. 뭔가 가르치거나 비난하지 말고 그 사람의 생각이나 입장을 최대한 들어주고, 그가 생각하는 이상으로 팀에서 없어서는 안 될 존재라는 점을 확인시켜 주어야 한다.

반평생 넘게 살면서 싸움 한번 안 하는 것 같은 조용한 부부가 다 금슬이 좋은 건 아니다. 서로 말이 안 통한다고 생각해서 대화를 포기한 부부도 조용하다. 언성을 높이고 잘잘못을 따지고 서로의 감정을 표현하는 게 스타일 구기는 일이라고 생각해 그냥 참는 부부도 조용하다. 아니면 부부 중 한 사람이 '나 하나만 참으면 다 조용하다'는 자기희생을 편안하게 생각하는 경우에도 겉으로 보기엔 평화롭다. 하지만 조용해도 결국 모두 '위기의 부부'이다. 차라리 상대에게 상처를 주지 않는 선을 지키며 자주 뜨겁게 언쟁하고 속마음을 표현하고 사는 부부들이 겉으로는 시끄러워 보여도 실제로는 사이가 좋다.

팀워크도 이와 다르지 않다. 반대하는 사람 없이 조용하고 신속하게 일이 진행된다고 해서 좋은 팀워크라고 할 수 없다. 팀원들이 저마다 속으로 '내가 좀 참고 힘들면 되지' '좋은 게 좋은 거지. 대세를 따르면 부작용은 없잖아' '내가 말한다고 뭐가 달라지겠어?'라고 생각한다면 그건 더 큰 문제다.

솔직한 대화가 이루어지는 회사는 조직 내에 문제가 생기면 즉시 알아차릴 수 있다. 팀의 문제점을 알고도 팀 분위기를 해치지 않기 위해 침묵하거나 개인의 희생을 통해 팀워크를 높이려는 것은 위험한 사고방식이다. 'No' 할 줄 아는 사람이 없다면 나라도 해야 한다. 그래야 팀이 위험하고 잘못된 선택을 하지 않는다.

휴렛 팩커드 전 CEO 칼리 피오리나는 자서전에서 "효과적인 팀워크는 점잖은 예의와 배려 이상의 것이어야 한다"라고 말한다. 갈등을 회피하려는 지나친 배려가 팀워크를 해칠 수 있음을 경계한 것이다.

강한 팀은 '이유 있게' 시끄럽다. 그 중심에는 리더십이 있다. 리더는 중요한 의사 결정을 내리는 과정일수록 치열한 논쟁을 통해 최선의 결정을 이끌어내도록 격려하고 어떤 의견이라도 들을 줄 알아야 한다. 형식적이고 피상적이며 남의 눈치를 많이 보는 조직이라면, 솔직한 대화가 오갈 때까지 계속 노력해야 한다. 자신의 생각을 솔직하게 드러내고 서로 치열하게 논쟁을 벌이는 식의 대화에 익숙해질 때까지 기다려주고 용기를 북돋워주자.

서로의 반쪽을 사랑하라

세월이 아무리 흘러도 사람들이 가장 궁금해하는 것은 다른 사람의 속

마음이다. 사실 상대방의 속마음을 제대로 안다면, 혹은 알게 모르게 나에게로 향한 암시와 신호를 읽을 줄 안다면 소통의 어려움은 절로 해결된다. 하지만 속마음을 알기란 너무 어렵고, 특히 남자와 여자는 서로 이해할 수 없다고 푸념한다. 심지어 남자는 화성, 여자는 금성, 사실 아주 멀리 떨어져 있는 별나라에서 왔다는 사람도 있다.

지구에서 만난 아주 다른 종류의 두 사람, 이들이 한 쇼핑몰을 목적지로 잡고 거리를 걷는다. 남자는 목적지로 가기까지 무표정으로 빠르게 걸어 15분 만에 도착한다. 여자는 두리번거리며 사람이 많은 번화가를 선택해 40분 만에 도착한다. 남자는 옷가게에 들어가서도 필요한 것만 빠르게 사고 그곳을 나오지만, 여자는 미리 점찍어둔 원피스가 있어도 30분 넘게 다른 상품들을 구경한 후 최종적으로 원피스를 구입해서 나온다.

정신의학의 창시자인 프로이트도 "나는 30년 동안이나 여성의 영혼에 관하여 연구를 했지만 아직도 모르겠다. 도대체 여자들은 뭘 원하는 걸까?"라는 말을 했다고 한다. 남자가 여자를 이해한다는 것은 불가능에 가까운 일일까?

영화 〈왓 위민 원트What women want〉에도 어떻게든 여성의 마음을 이해해야만 하는 괴로운 남자 '닉'이 등장한다. 광고회사 직원인 그는 여성들의 마음을 이해해보려고 고군분투하다가 우연한 사고로 여성들의 속마음이 들리는 이상한 신통력을 갖게 된다. 그 능력으로 닉은 자신의 승진 기회를 빼앗은 여성 상사인 '달시'의 아이디어를 빼앗으려고 한다. 그러나 닉은 결국 달시에게 사랑을 느낀다.

영화는 끊임없이 '여자의 마음을 읽어야 성공한다'는 내용을 반복하고 있다. 남성을 능가하는 구매력을 가진 여성들의 마음을 읽어야 살아남는다는 메시지를 광고회사를 배경으로 보여준다. 주인공인 닉이 제작부장으로 승진할 수 있었던 것도 여성을 만족시킬 수 있는 광고를 만들어냈기 때문이다.

남녀의 심리 탐구로 히트한 텔레비전 프로그램이 있다. 제목도 군더더기 없는 〈남녀탐구생활〉. 일상생활 중 한 가지 상황 속에서 남자와 여자가 어떻게 다르게 행동하는지 그 심리를 아주 섬세하게 묘사해 신선한 재미와 큰 공감을 이끌었다. 공중화장실 사용법, 목욕탕 이용법, 거짓말, 방귀 트기 등 이 프로그램을 한번쯤 본 사람이라면 누구나 "맞아 맞아" 하며 박장대소했다.

연구 결과를 보면, 평균적으로 여자들은 남자보다 대략 2배 많은 말을 한다고 한다. 남자가 하루 평균 1만 5천 단어를 이야기하는 반면, 여자는 3만 단어쯤 말한다는 것이다. 이 이야기를 들은 한 아내가 "남자들은 여자가 말할 때 제대로 안 들으니까 똑같은 말을 두 번 하게 되잖아요"라고 말했더니, 옆에서 듣고 있던 남편이 금방 되물었다고 한다. "뭐라고?"

말이 통하지 않는 남녀의 벽을 직접적으로 콕 집어놓은 이 우스갯소리는 뭐든 자세히 과정을 말하고 싶어 하는 여성과, 과정은 간략하게 하거나 생략하고 "그래서 결론이 뭔데?"에 집착하는 남성들의 심리와도 무관하지 않다. 과정을 잘 듣지 않고 딴 생각에 빠져 있다가 아내가 중간에 뭐라도 묻게 되면 "뭐?"라고 답하는 것이다.

혹시 당신이 남의 말을 잘 들어준다면, 그것은 당신의 큰 장점이다. 경청은 부부 사이에도 잘 안 된다. 그런데 남남인 사이에서 남의 말을 경청하고 상대가 원하는 바를 제대로 읽어주는 능력은 자랑해도 될 만큼 큰 장점이다. 말 잘하는 사람을 다 좋아하진 않아도 말을 잘 들어주는 사람은 누구나 좋아한다. 조용히 경청해주는 가운데 간혹 반응해주는 한두 마디가 수많은 말보다 더 큰 무게를 갖는다.

우리가 남의 말을 오해하거나 왜곡해서 듣는 건 말하는 사람이 잘 전달하지 못해서라기보다, 제대로 경청하지 않거나 내가 듣고 싶은 말만 듣기 때문이다. 내가 하고 싶은 말을 생각하느라 잘 듣지 못하는 경우도 있다. 잘 듣는 가장 좋은 기술은 내가 그 사람 입장이 되어 듣는 것이다. 경청은 상대방 입장에서 가감 없이 그대로 전달받아 이해하는 것인데, 그 사람 입장이 되지 않으면 내 입장대로 해석하면서 오해하거나 왜곡하게 된다.

직장에서 남성은 여성 동료와 대화할 땐 말이 좀 길어지더라도 정성껏 들어주자. 반대로 여성이라면 남성 동료와 대화할 때 결론부터 말한다고 해도 당황하거나 상처받지 말고 '그러려니' 하며 들어주자. 두루두루 경청의 지혜를 발휘해야 하는 이유는 경청하면 그 사람의 욕구가 보이기 때문이다. 뭘 원하고 뭘 해주길 바라는지 말 속에 다 들어 있으니 그 사람의 마음을 사로잡는 전략도 그 안에서 찾을 수 있다.

학교에선 '과학 탐구' '사회 탐구'가 있다. 우리에겐 남자 혹은 여자에 대한 애정이 없는 것이 아니라 '탐구'가 부족할 뿐이다. '남탐' '여탐'을 해야 더 잘 소통할 수 있다. 한 가지, 탐구는 '진심 어린 애정'에서 시작되어야 하고 '다른 것을 인정'하는 너그러움이 지속되어야 한다. 그렇게 되면 남자는 여자가, 여자는 남자가 더 잘 보이고 더 많이 이해하게 될 것이다. 세상의 반쪽은 크게 남자와 여자가 나누고 만들어가지만, 행복하고 즐거운 삶을 위해서는 굳이 금을 그을 필요가 없다. 인류의 진화는 남자와 여자가 함께 만들어온 발자취이니까.

사랑을 표현하는 것이 저축이다

가족보다 어쩌면 더 많은 시간을 함께 보낸 직장 동료는 가족만큼 서로를 사랑과 이해로 보듬고 협력해야 하는 관계다. 하지만 가장 가까운 아군이면서 때로 가장 치열한 적군이자 경쟁 상대이기 때문에 그 관계가 마냥 편할 수만은 없다. 그래서 실제 마음과 달리 전략적이고 정치적인 말을 구사하거나 고마운 마음을 표현하는 타이밍을 놓치기도 한다. 동료와 사이가 좋아야 협업도 잘되고 능률도 잘 오른다. 아껴서 좋은 건 따로 있다. 동료에 대한 고마움과 사랑은 그때그때 아낌없이 표현해야 한다.

남극의 황제펭귄들은 추위를 달래기 위해 수천 마리씩 한곳에 모여든다고 한다. 수천 마리가 한곳에 모이면 적당한 체온이 형성되는데, 이 때문에 펭귄들은 추위 속에서도 편안히 쉴 수 있고 잠도 잘 수 있다고 한다. 더 놀라운 것은 무리의 바깥쪽을 교대로 지켜 안쪽의 펭귄들이 편히 쉴 수 있도록 한다는 것이다.

우리들도 그렇다. 안쪽의 펭귄들이 따뜻하고 편하게 쉴 수 있는 건 바깥을 잘 지켜주는 동료펭귄 덕분인 것처럼, 당신이 잘 지낼 수 있었던 건 혼자서 잘했기 때문만이 아니다. 동료의 애정과 이해, 협력의 바탕에서 크고 작은 일이 일어났어도 원만히 잘 해결되었기 때문이다. 그런데 세상에는 자기 자신은 완전하지 않으면서 다른 사람에 대해서는 완전하기를 요구하는 사람이 많다. 자기 자신은 친절하지 않으면서도 다른 사람의 불친절에는 화를 내고, 자기 자신은 업무를 깔끔하게 처리하지 못하면서 동료에겐 일을 못 한다고 비난한다.

하지만 이제는 나의 현재 모습이 그 지위의 높고 낮음과 관계없이 동료들의 도움과 협력으로 만들어진 것이라는 겸손한 생각을 가져야 할 때다. 동료를 비난하고 싶은 마음이 들거나 동료에게 분명한 잘못이 있을 때도, 항상 처지를 바꿔 자신도 같은 실수를 할 수 있다는 점을 잊지 말고 상대방을 용서하고 포용하는 자세가 필요하다.

실수를 덮어주고 힘들 때 감싸주는 마음, 컨디션이 좋지 않은 동료를 위한 따뜻한 배려, 바쁜 동료의 일 돕기, 별로 친하지 않지만 생일을 맞은 동료에게 건네는 작은 선물 등은 모두 상대를 감동시킨다. 말 한마디나 별것 아닌 사소한 행동 하나에도 동료에 대한 애정을 담아라. 상대방에 대한 배려나 칭찬을 빠뜨리지 않는 건 기본이다. 만약 한 해를 정리하는 연말이 되었다면 "한 해 동안 감사했습니다. 부족한 제가 불안하셨을 텐데도 믿고 맡겨주셔서 정말 많이 배운 한 해였어요"라고 감사의 마음을 건네자.

사람은 아무리 친한 사이라도 어렵고 괴로울 때 도와준답시고 자꾸 캐묻기보다 따뜻한 한마디나 사소하지만 상대를 배려하는 행동만으로 충분히 고마워하고 감동한다. 평소 그렇지 않은데 유난히 기분도 기운도 없어 보이는 동료가 있다면 "이따 별일 없으면 점심 같이 하실래요? 우리 둘이 송년모임 간단히 해요. 일단 맛있는 거 배불리 먹고 그 다음 생각하시자구요"라고 한다면 상대방은 그 말 자체로 그냥 기분이 좋아질 것이다.

직장에서 가장 얄미운 동료는 '힘들고 어려운 일에서 쏘옥 빠졌다가 그 일을 마치면 생색내는 사람'이다. 귀찮거나 까다로운 일, 웬만하면 서로 꺼려하는 일을 나서서 하지는 못해도 매번 거기서 빠지려고 약삭빠르게 행동하는 일은 가장 밉상이다. 남들이 하기 싫어하는 일은 자주 일어나는 일이며, 생각보다 그렇게 중요하지 않거나 큰 일이 아닐 수 있다. 그렇기 때문에 누군가 해도 크게 생색낼 일도 아니고 표도 나지 않는 일이다.

그렇지만 동료들은 이런 일을 소리 없이 잘 해내는 사람들을 다 안다. 동료에 대해 평가할 때 '요리조리 어려운 일을 피해서 주는 것 없이 얄미운 사람' '평소엔 있는 듯 없는 듯 조용하지만 귀찮은 일은 도맡아 해주는 사람' 등으로 나뉜다. 특히 자기가 불편한 일, 피하고 싶은 일을 많이 안 했다는 데 생각이 미치면 그 일을 소리 없이 처리해준 동료에 대한 고마움이 새록새록 생길 것이다.

어떤 일을 시원하고 깔끔하게 처리하지 못해도 좋다. 솔선수범하고 최선을 다하는 모습이라면 누구나 함께 일하고 싶은 동료가 된다. 그런 동료가 있다면 아낌없이 칭찬하고 감사를 표현하자. 조직의 리더라면 이런 팀원을 잘 챙겨 여러 사람 앞에서 칭찬하고 격려해주는 세심함도 필요하다.

"O씨는 제가 보기에 지난 일 년 동안 표 안 나고 생색 안 나는 궂은일을 제일 많이 한 팀원입니다. 우리 팀이 큰 갈등 없이 여기까지 오는 데 큰 역할을 했어요. 박수 한번 보내드립시다."

동료에게 뜨거운 박수를 치면서 '나는 주위 사람들에게 어떤 동료였는지'를 생각해보고 자기반성까지 하게 된다면 분명 의미 있는 시간이 될 것이다. 동료에 대한 마음을 고백하기 어렵거나 쑥스럽다면 건배사를 할 때 특별히 생각나는 사람을 위한 칭찬과 감사의 말을 해보라. 아니면 노래방에서 가사에 의미가 있는 노래나 특별한 메시지가 담긴 재미있는 노래로 선곡하는 것도 방법이다. 감사와 사랑, 사과와 용서의 말을 전하고 싶은 특정 동료를 향해, 노래 전에 짤막한 감사 멘트와 함께 'O씨를 위해 부를게요' 라고 한마디만 한다면 어떤 관계든 한층 더 긍정적이고 좋은 관계로 발전할 수 있을 것이다.

생각을 바꾸면 결과도 달라진다

세계적인 명품인 '루이비통'은 공항면세점으론 세계 최초로 인천공항에 입점했다. 한국을 오가는 일본, 중국, 동남아 관광객까지 염두에 둔 입점이란다.

그런데 '루이비통'은 그 유명세만큼 복제품, 즉 짝퉁이 많은 걸로도 둘째가라면 서럽다. 명품이라고 부르는 상품을 갖고 싶지만 주머니 사정이 허락되지 않는 사람들의 욕구를 채워주는 불법 복제품은, 단속이 심해도 여전히 어느 한구석에서 만들어지고 팔려나간다. 한 여자가 남자친구에게 선물 받은 명품 가방을 다시 바꾸려고 매장을 찾아갔는데 알고 보니 복제품이었다는 웃지 못할 이야기도 있다.

'샤넬'이라는 브랜드를 만든 세기의 디자이너 코코 샤넬은 복제품에 대한 생각이 조금 달랐다. 자신의 작품이 도용되는 것에 대해 분노하거나 반대하기는커녕 오히려 환영하는 편이었다고 한다. 샤넬의 철학은

'그렇기 때문에 또다시 새로운 것을 만든다'였기 때문이다. 작품이 도용된다는 건 그만큼 많은 사람들에게 인기 있다는 것. 하지만 잘못하면 오리지널에 대한 가치가 훼손될 수 있기 때문에 브랜드 가치가 높은 기업일수록 복제품에 민감하게 반응한다. 복제품이 돌면 다시 새로운 것을 창작할 중요한 동기가 된다는 생각은 현실에 만족하지 않고 여성복에 혁명을 가져온 코코 샤넬다운 남다른 마인드다.

이처럼 생각을 바꾼다는 것은 어렵고도 쉬운 일이다. 어려운 이유는 생각을 바꾼다는 건 행동양식마저 바꾸는 것을 의미하기 때문이다. 행동까지 바꾸려면 의지도 필요하고 도전도 필요하다. 귀찮은 일도 많다.

한편 생각을 바꾸는 일이 쉬운 건 생각은 '남의 것'이 아니라 '내 것'이기 때문이다. 날마다 부부싸움을 하는 부부는 상대를 내 생각대로 바꾸겠다는 의도가 있기 때문에 싸움이 끊이지 않는 경우가 많다. 해본 사람은 알지만 부부 사이든 직장 동료든 타인을 바꾸는 건 너무나 어렵다. 그보다는 차라리 그 사람 그대로를 인정하며 내 생각만 바꾸면 한결 평화로워진다. '아, 이 사람은 이런 사람이구나. 그럼 이럴 땐 피해 가고 저럴 땐 정면돌파를 해야겠다'라고 생각하면, 불편한 충돌은 피하고 생각 밖으로 완고한 상대방의 변화까지 이끌어낼 수 있다.

세계적인 경영 컨설턴트인 짐 콜린스는 암벽등반을 통해 마인드의 틀을 바꾸게 되었다고 한다. 아직 아무도 오르지 못했던 암벽을 오르던 콜린스. 역시 아마추어로 매번 실패의 연속이었다. 그러던 어느 날, 자신이 계속해서 실패하는 것은 자신의 실력 때문이 아니라 '아직 아무도 이 암벽을 오르지 못했다'는 사실이 자신의 발목을 잡고 있기 때문이라고 깨닫게 되었다.

그래서 그는 생각을 바꿨다. 암벽에 오르는 지금은 현재가 아니라 15년 후라고 생각하기로 한 것이다. 15년 정도가 지나면 많은 등반가들이 이 암벽을 별로 어렵지 않게 오르고 있을 것이니 '남들도 올랐는데 나도 오를 수 있다'는 생각을 할 것이다. 결국 짐 콜린스는 자신을 15년 후에 옮겨다 놓는 상상의 게임을 함으로써 결국 이 암벽 등반에 성공한다.

30년 전에 우리는 지금의 컴퓨터라는 물건은 상상도 하지 못했다. 하지만 애플의 스티브 잡스는 당시 사람들은 상상할 수 없었던 컴퓨터 매킨토시를 만들었다. 그리고 지금 우리는 책상 위에 놓인 컴퓨터뿐만 아니라 스마트폰과 태플릿PC를 들고 다니며 소통한다.

이처럼 나를 바꾸고, 내 일상을 바꾸고, 나아가 세상을 바꾸는 생각과 행동을 하는 데 가장 장애가 되는 것은 주변 환경이나 주위 사람이 아니다. 가장 큰 장애물은 늘 우리 마음이다. 늘 생각하던 대로, 편한 대로만 생각하고 해석하지 않아야 한다. 한 뼘 더, 한 발짝 더 이제까지와는 다르게 생각을 뒤집고 파헤쳐보자. 그러다 보면 새로운 마인드를 갖춘 '오늘의 내'가 만들어지고, '내일의 나'는 더 크게 성장하고 발전해 있을 것이다.

디지털 시대의 'OFF'는 창조성을 살린다

우리는 나날이 발전하는 정보기술 속에서 예전에는 상상도 할 수 없는 것들을 누리며 살고 있다. 일은 꼭 사무실에서 해야 한다는 개념도 사라진 지 오래고, 대화나 소통은 얼굴 안 보고도 얼마든지 어떤 시간에든 할 수 있다. 거의 하루 종일 켜진 메신저 대화창, 언제나 누구와도 소통할 수 있는 사회관계망 서비스, 이 때문에 사람들은 늘 'ON' 상태다. 밤과 낮, 일과 휴식의 경계가 모호해지고 사람들이 완전히 'OFF' 되는 시간은 거의 없어졌다. 혼자 있어도 혼자 있는 게 아니고, 일을 하면서도 일만 하는 건 아니다.

미국의 정보기술 전문가 니컬러스 카는 정보사회의 특징을 날카롭게 분석한 《빅 스위치》에 이어 《생각하지 않는 사람들》이라는 책을 통해 IT의 악영향을 경고한다. 한 번에 여러 가지가 가능한 멀티태스킹 정보기술이 한 업무에 집중할 때보다 효율성이 떨어지고, 실제 인지능력과 판단력을 퇴보시킨다는 연구 사례를 실었다. 정보기술에 대한 맹목적인 찬사와 과다한 사용이 기계가 할 수 없는 인간 본연의 사고력과 집중력을 크게 방해하고 심지어 망가뜨린다는 것이다.

실제로 이런 일들을 우리는 어렵지 않게 경험한다. 휴대전화가 고장 났거나 문제가 생겨 잠시 사용할 수 없는 일이 생기면 처음엔 상당한 불안감을 호소한다. '중요한 전화나 문자가 오면 어쩌지?' '내 트위터나 페이스북 관리는 어쩌지?' '아, 심심해' '할 게 없네' 등등 안절부절못한다.

하지만 초반의 불편함과 불안감은 잠시, 시간이 더 지나면 오히려 편안하고 자유로운 느낌이었다는 사람들이 많다. 사람들은 스스로 그제야 자신에게 디지털 피로감이 있었다는 것을 깨닫는다. 니컬러스 카는 책을 쓰기 시작하면서 트위터나 페이스북을 모두 끊고 인터넷 사용도 크게 줄였다고 한다. 지나치게 사소한 정보가 끊임없이 오가는 사회관계망 서비스는 사고력에 큰 영향을 미치고 주위를 분산시키기 때문이었다고 한다.

사실 정보기술을 배제할수록 정서적 안정은 더 빨리 찾아온다. 혹 전화가 걸려오지 않을까 벨소리에 늘 신경 쓰고, 놓치는 정보가 있을까 봐 컴퓨터와 스마트폰에 매달리던 초조함이 사라진다. 이것은 자기 스스로 자신의 의지로 어느 정도 조절할 수 있는 부분이다. 과다한 정보에게 지배당하느냐, 다스리느냐의 문제다. 일부러 디지털 도구에 의존하지 않고 정보에 접근하거나, 시도 때도 없이 정보기술에 지배당하지 않도록 적당한 브레이크를 잡는 균형이 필요하다. 수많은 정보가 쉬지 않고 오가는 디지털 광장에 'ON' 상태여야 안심이 된다면 브레이크에 더 큰 이상이 오기 전에 잡아야 한다.

스스로를 스케줄 없는 여유 있는 시간 속에 두는 것이 필요하다. 바쁜 일정 속에서도 완전하게 혼자 있는 시간을 만들고 휴식을 줘야 한다. 사람은 인간 사회를 떠나서도 살 수 없지만, 완전히 혼자인 시간을 갖는 일도 상당히 필요하다. 그 시간 동안 자신을 추스르고, 가야 할 방향을 제대로 잡고, 변화와 변신의 시점을 정확하게 잡아야 능동적으로 대처할 능력도 생긴다. 또 새로운 경험을 두려워하지 않게 되고 자신감이 생기며, 익숙하게 알고 있는 것도 타성에 젖지 않고 다른 시각으로 보는 눈이 생긴다. 느림과 느긋함이 아날로그 호흡을 가능하게 해주고 그 안에서 창의력이 싹튼다는 것을 잊지 말아야 한다.

20세기 가장 창조적인 화가로 꼽히는 파블로 피카소. 1901년 그가 그린 자화상은 사실적으로 잘 그렸지만 누구의 그림인지 알아보기 힘들다. 하지만 1907년에 그린 자화상은 한눈에 피카소의 화풍이 보인다. 1905년 피카소는 그 당시 희귀한 아프리카 조각상을 보며 전율을 느끼는데, 그 깨달음은 〈아비뇽의 처녀들〉이라는 작품에서 꽃피우며 자신만의 스타일을 만들어간다. 마티스의 화풍과 유사한 점이 많지만, 아프리카 조각상의 거친 모습을 넣음으로써 평범한 화가에서 자신만의 색깔을 가진 의미 있는 화가가 된 것이다.

이 세상에 백 퍼센트 새로운 것은 없다. 두뇌에 저장된 수많은 지식이 잠재의식 속에 내재되어 있다가 어디선가 아이디어나 새로운 방식과 만났을 때 창조적 아이디어가 된다. 따라서 자기 분야에 대한 전문성을 게을리 하지 않으면서 전혀 다른 분야까지도 폭넓게 배우는 자세가 필요하다.

IT기업들이 기술에 못지않게 인문학의 중요성을 강조하는 것도 이 때문이다. 애플의 스티브 잡스, 페이스북의 마크 저커버그 등 세계 IT산업을 견인하는 창업자들은 정보기술에 대한 인문학적 접근을 끊임없이 강조했다. 구글 역시 2011년 6천 명의 신규직원을 채용했는데, 그중 4천에서 5천 명 정도를 인문학 전공자로 뽑았다. IT기술은 결국 사람을 위한 기술이며, 이 때문에 사람을 관찰하고 이해하는 게 필수적이라는 것이다.

뛰어난 생각을 가진 사람들은 시작부터 남달랐던 것이 아니다. 그들은 늘 성실하다. 무수한 책 속에서 자신을 성찰하고 깨닫게 해준 가르침을 꾸준히 축적해놓았다가 어느 순간 섬광 같은 깨달음을 선물 받는다. 문학, 역사, 철학으로 대표되는 인문학 책을 탐독하고, 많은 사색을 통해 사람을 위한 좋은 생각을 끊임없이 한다면 좋은 기술, 감동적인 서비스에 대한 아이디어는 마르지 않을 것이다.

일 잘하는 사람의 유비무환 시간요리

많은 사람이 정복을 꿈꾸는 단어, 바로 '시간 관리' 다. 할 일은 많은데 하루는 짧다. 어떻게 업무 시간을 좀 더 효율적으로 쓸 수 있을까? 어떻게 하면 진짜 일에 집중하는 환경을 만들 수 있을까? 주어진 일을 효과적으로 하는 동시에 새로운 일에 도전하는 시간을 만드는 시간 관리라면 '정복' 같은 최상급 표현이 아니더라도, 스스로 대견해지는 시간이 쌓여가는 것을 느낄 수 있다.

시간 관리와 목표는 실과 바늘이다

무일푼에서 성공한 자수성가형 백만장자가 되었다가 자신의 경험을 바탕으로 세계적인 비즈니스 컨설턴트이자 전문 강연자가 된 브라이언 트레이시. 그는 "시간 관리에 실패하는 이유는 승부를 걸어볼 짜릿한 목표가 없기 때문"이라고 말했다. 달성하고 싶은 목표가 있으면 시간도 비용도 낭비할 수 없다. 시험일이 코앞이라거나 어떤 일의 마감이 가까워졌을 때 고도의 집중력을 발휘하는 것도 그걸 시간 안에 해내지 않으면 안 되는 절박하고 선명한 목표가 있기 때문이다.

직장생활이든 일상생활이든 시간 관리가 안 된다고 생각한다면, 뭔가 분명하고 선명한 목표가 없거나 있기는 있되 해도 그만 안 해도 그만인 그저 그런 목표이기 때문일 것이다. 절박하고 소중한 목표를 찾는 일이야말로 시간 관리를 위한 도구와 기술을 찾기 전에 반드시 해야 하는 이유다. 나를 움직이게 할 소중하고 중요한 목표를 찾아보자.

위임과 떠넘기기를 구분하기

모든 걸 떠안고 허덕대는 사람은 시간 관리에 실패할 확률이 높다. 모든 일을 도맡아 함으로써 자기 시간을 너무나 많이 빼앗기고 비효율적이기 때문이다. 위임은 시간 관리의 필수지만, 꼭 리더와 부하 사이에 일어나는 일은 아니다. 운전하는 것보다 택시를 타는 것이 비용이나 시간 대비 효율적이라면, 택시를 타면서 나는 택시기사에게 운전을 위임한 것과 같다. 이처럼 어느 관계에서든 위임은 일어날 수 있다.

다만 위임이 떠넘기기가 되지 않으려면 일을 잘 분리하고 구분해야 한다. 먼저 위임해서는 안 되는 일은 자기 본래 업무, 위험 부담이 큰 일, 설명과 통제가 어려워서 전달하기 힘든 일, 지켜야 할 비밀이 있는 일 등이다. 위임해도 좋은 일은 누구나 할 수 있는 쉽고 평범한 일상적인 일, 반대로 전문가에게 맡기는 것이 더 효과적인 일, 큰 틀을 잡는 일이 아닌 작고 난편적인 일, 전문적이고 중요한 일 앞에 준비 성격의 일이다. 물론 준비하는 일 중엔 위임할 수 없는 일도 있기 때문에 자기 상황이나 업무 성격에 맞게 타인에게 위임할지 말지를 결정하면 된다.

내 업무 사이클 분석하기

직장생활을 하다 보면 정기적으로 반복되거나 미리 알게 되는 일 등이 있기 마련이다. 물론 일이란 게 없을 때는 개점휴업 상태처럼 한가하다가도 일이 몰리기 시작하면 눈코 뜰 새 없이 바빠지지만, 예측할 수 있는 일도 어느 정도 있기 마련이다. 언제 일이 몰리고 언제 비교적 한가한지 예상할 수 있다면, 바쁠 때를 대비해 한가한 때 미리 일을 해놓는다면 한꺼번에 몰리는 일로 힘들어지는 것을 피할 수 있다.

완벽하지 않아도 패스

꼼꼼한 것도 좋다. 다시 손 볼 필요 없이 완벽하게 일을 해낸다면 더없이 좋다. 하지만 모든 일을 다 그렇게 하려면 엄청난 시간이 필요하다. 주어진 모든 일을 100퍼센트 완벽하게 처리하지 않아도 된다. 70~80퍼센트 정도만 완성해도 되는 일들도 있다.

100퍼센트 완벽하게 처리할 때 드는 시간이 10시간이라고 해도, 70~80퍼센트 완성할 때는 7~8시간이 아닌 3~4시간이면 되는 일도 있다. 그러니 일의 완성도와 시간은 비례하지 않는다는 걸 알고 시간을 계획할 필요가 있다. 특히 상사에게 보여야 하는 서류 작성은 70~80퍼센트 정도 선에서 빠르게 완성하고 보고한 뒤, 피드백을 받고 다시 수정해 완성도를 높이는 것이 효율적이고 결과도 좋다. 또한 여러 명이 팀을 이뤄 유기적으로 하는 일에는 필요 이상의 꼼꼼함 때문에 전체 진행이 지체되는 일이 없도록 해야 한다.

타협하지 마라

의사들은 "흡연은 줄여나간다고 큰 효과는 없다"라고 말한다. 하루에 한 갑 피던 사람이 반 갑을 핀다고 해도 해악이 크게 줄지 않으니 아예 끊어야 효과를 볼 수 있다는 것. 그래도 단번에 끊을 수 없다면 점차 줄여나가는 것도 나쁜 것만은 아니다.

쓸데없이 버리는 시간도 처음부터 다 없앨 수는 없다. 차츰 쓸데없이 버려지는 시간을 줄여가면 된다. 잡담, 웹서핑, 스마트폰, 통화 등으로 버리는 시간들이 적지 않다. 이 중 대부분은 업무를 비효율적으로 만들고 방해하는가 하면 집중력을 떨어뜨린다. 한 번에 한 가지씩 끊어나갈 필요가 있다. 전화 통화는 언제, 스마트폰 사용은 언제, 잡담은 최소한 몇 분으로 줄인다, 같은 자신만의 기준을 세운다. 타협은 하지 않는 것이 좋다. 의지는 충분히 훈련으로 길러질 수 있다.

분위기 반전시키는 20퍼센트

이탈리아의 경제학자 파레토는 '80:20 법칙'이라고 하여 20퍼센트의 항목으로 80퍼센트의 가치를 창출해내는 '파레토 법칙'을 세웠다. 예를 들면 "회사 매출의 80퍼센트가 20퍼센트의 고객으로부터 나온다" "1년 동안 통화한 사람 중 20퍼센트와의 통화 시간이 총 통화 시간의 80퍼센트를 차지한다" "즐겨 입는 옷의 80퍼센트는 옷장에 걸린 옷의 20퍼센트에 지나지 않는다"와 같은 것이다.

시간 관리도 마찬가지다. 내가 먼저 시작해 회사 이익의 80퍼센트에 기여하는 20퍼센트의 인재가 되어보자. 이것이 가치창출이다. 먼저 나부터 타인의 시간을 뺏는 것을 최소화하고, 부득이하게 시간을 방해했을 땐 미안함을 표현하고 신속하고 간결하게 소통한다. 열 명이 일하는 사무실에서 두세 명만이라도 시간 관리에 대한 긴장감이 있다면 분위기는 역전될 수 있다. 타인도 내게 말을 걸어오거나 뭔가 시간을 빼앗게 되었을 때 긴장감을 갖게 되기 때문이다. 이러한 작은 노력들이 쌓이면 한정된 시간을 잘 활용해야 한다는 의식이 높아지고 전체적인 긴장감을 공유할 수 있게 된다.

실수를 매력적인 인간미로 메이킹하는 법

누구나 실수를 한다. 치명적인 실수도 한다. 쥐구멍이라도 있으면 들어가고 싶고, 그 자리에서 폭 꺼져 사라져버리고 싶은 에피소드도 있다. 하지만 실수는 그렇게 나쁜 것, 부정적인 것만은 아니다. 실수를 안 할 수 있으면 좋지만, 실수를 했더라도 타이밍 놓치지 않고 빠르고 알맞게 대처한다면 오히려 실수하기 이전보다 훨씬 좋은 이미지로 전화위복되는 경우가 많다. 매사 깐깐하고 까칠하고 완벽해 보이는 사람의 실수는 얼마나 귀엽고 인간적인가. 하지만 귀여움과 인간미가 있으려면 '실수 대처법'에 대한 공부가 필요하다.

메모로 실수를 줄여라

어떤 식으로든 열심히 메모한다. 정해진 스타일이 없다면 다른 사람의 방법을 벤치마킹하고, 그렇지 않으면 자기 나름대로 메모 방법을 찾아 가장 편하고 일하기 좋은 스타일을 만들어간다. 기본 다이어리 하나, 포켓용 수첩 하나, 혹은 포스트잇을 붙여놓아서 중요한 것은 포켓용 다이어리에 붙여놓고, 집에서 정리할 때는 기본 다이어리에 붙여 나가는 방법도 좋다.

직장 상사는 한 번에 딱 한 가지 일만 시키지 않는다. 이것 시켜놓고 집중해서 하려면 또 다른 것도 시키고 처음에 시킨 것 확인하고 두 번째 시킨 것 확인하는 식인데, 그렇게 되면 제대로 마무리되지 않은 것만 해도 두 시간 후면 예닐곱 건이 생긴다. 그러나 메모하는 습관이 붙으면 자연스럽게 머릿속에도 이 일에 대한 머리 공간 따로, 저 일에 대한 머리 공간이 따로 생기게 된다. 혹독한 수업의 한때를 치열하게 견뎌보자.

실수 인정 후 처방에 고심하라

"아니, 그게 아니라……." 이런 말은 더 굴욕이다. 잘못에 대해서 깔끔하게 바로 인정하는 것이 상처를 최소화하는 방법이다. 어떤 걸 어떻게 잘못했는지 변명이 아닌 그 상황을 인정해야 한다. 직장에서 실수를 저질렀을 경우 동료는 물론 직장 상사에게 내가 잘못했으니 책임을 지겠다고 말해야 한다. 책임지는 자세로 면피를 하려는 게 아니라 진심으로 그렇게 생각해야 한다. 타인의 잘못이 있어서 내가 다 뒤집어쓰기 억울한 감이 있어도 내 실수가 조금이라도 있었다면 인정한다. 서로의 잘잘못을 따지는 것은 조금 지나서 해도 늦지 않는다.

"사실은 이런 이유 때문에 실수를 한 거예요"라고 말한다고 해서 잘못이 줄어들지 않으니 변명투로 들리는 말은 어떤 것이든 삼가는 게 좋다. 그냥 넘어가기 억울할 때는 시간이 흐른 뒤에 "차 한잔 하실래요?"라면서 말을 걸어 서로 풀고, "그때는 정말 죄송했어요. 선배님"이라고 말하거나 이메일이나 편지로 사과하는 것이 좋다.

실수를 애교 있는 유머로 포장하라

실수나 민망함, 무안함, 비판이나 공격적인 상황을 더 긍정적이며 좋은 이미지로 커버할 수 있는 기술이 있는데, 그 일을 유머러스한 상황으로 돌리는 것이다. 방법은 여러 가지다. 차라리 듣는 사람들이 느끼는 것보다 더 크게 자신을 더 웃음거리로 만들거나, 자신의 실수를 애교 있는 변명을 통해 어쩔 수 없는 것이었다고 정당성을 부여하거나, 믿거나 말거나 사실은 계산된 실수였다고 고백(?)하는 것 등이 있을 수 있다.

영국의 수상 처칠이 30분이나 의회에 늦게 참석했는데, 그를 두고, 한정적政敵이 "늦잠이나 자는 게으른 사람"이라고 일갈을 퍼부었다. 그러자 처칠은 머리를 긁적이며 "예쁜 부인을 데리고 살면 일찍 일어날 수가 없습니다. 다음부터는 회의가 있는 전날 각방을 쓰겠습니다"라고 답하여 의회를 웃음바다로 만들었다. "기다리게 해서 죄송합니다. 다음부터는 늦지 않도록 하겠습니다"라는 밋밋한 답변보다 모두 유쾌해지는 재치 있는 답변이다.

빨리 이실직고해야 할 실수

조직이나 타인에게 손해를 입힌 실수는 될수록 빨리 이실직고하는 편이 현명하다. 팀이나 동료, 고객에게 영향을 줄 수 있는 일이라면 그들에게 알리고 채찍이든, 조언이든, 비판이든, 격려든 달게 받을 수 있어야 한다. 가장 먼저 자신의 직속상사에게 알리는 일도 중요하다. 사실 실수를 인정하는 것은 쉽지 않다. 오히려 자신의 실수를 빨리 인정하는 행동은 칭송받을 일이고, 자신의 실수에 따른 비판이나 손해를 빠르게 복구할 수 있는 길이기도 하다. 회사나 상사는 실수 자체에 대한 것보다 실수를 어떻게 처리하는가를 더욱 유심히 본다는 사실을 알아야 한다. 현명하고 지혜롭게 처리한다면 회사와 상사는 나의 실수를 빨리 잊을 것이다.

직원의 실수를 감싸 안아라

직장에서 책임 있는 관리자 자리에 있다면 직원의 실수를 내 실수로 받아들이는 것이 옳다. 직원의 실수나 실패를 그들만의 문제로 받아들여 그들을 문책하고 책임을 전가하는 행동은 비겁하다. 2차 세계대전 당시 일본에 원폭투하를 결정한 트루먼 미국 대통령은 “공은 여기에서 멈춘다 The buck stops here!”라는 유명한 말을 했다. ‘모든 책임은 여기서 멈춘다’라는 의미로도 받아들여질 수 있는 이 말은, 내 책임 아래 벌어진 일은 모두 내 책임이라는 리더의 자세에 대해 말하고 있다. 직원의 실수를 감싸 안고 책임지려는 자세는 직원들이 상사를 더 따르게 만드는 훈훈한 리더십이다.

조금 타이트하게 업무를 보라

평소 실수가 잦은 사람은 좀 서운하게 들릴지 모르지만 ‘딴 생각을 한다’거나 ‘직장생활에 여유가 있는 경우’일 때가 많다. 특히 작은 실수라도 같은 실수를 반복하는 건 가장 치명적이다. 차라리 타이트한 업무 스케줄이 빡빡하게 돌아갈 땐 일에 집중하기 마련이라 실수가 적으니 자신의 스케줄을 조이는 편이 낫다.

일은 혹독하게 배우면 배울수록, 스케일이 큰 것을 처음부터 시작하면 실수는 잊히지 않지만 배움은 크다. 세계적인 기업 듀폰DuPont에서는 직원들이 일을 하다가 실수한 것에 대해 ‘실수’라고 하지 않고, 회사의 규정이 허용하는 범위 내에서 실수한 경우는 ‘기회’라는 단어를 쓴다. 큰일에 참여하게 되었다면 꾀부리지 말고 실수할지언정 적극적으로 그 일에 뛰어들자.

자신을 용서하라

실수 대처의 맨 마지막 순서다. 사과를 하고 책임질 일을 책임지고 다시 같은 실수를 반복하지 않겠다는 다짐까지 했다면, 그 다음 해야 할 일은 자신을 용서하는 일이다. 더 이상 실수했던 일을 떠올리지 말고, 더 이상 누군가에게 내 실수에 대해 말하지 않는다. 자꾸 자신을 자책하고 실수를 떨쳐내지 못한다면 자기 능력을 제대로 발휘하기 어렵다. 이제 일에 열중해야 한다. 철강왕 앤드류 카네기는 "평균적인 사람은 자신의 일에 자신이 가진 에너지와 능력의 25퍼센트를 투여한다. 세상은 능력의 50퍼센트를 쏟아 붓는 사람들에게 경의를 표하고, 100퍼센트를 투여하는 극히 드문 사람들에게 머리를 조아린다"고 말했다. 열정의 힘은 실수에게 좀체 틈을 내주지 않는다.

혁신의 활시위를 당기는 통찰의 힘

세계 경제가 생각보다 긴 불황을 맞이할 것이라는 전문가들의 예고가 이어지는 가운데, 기업을 비롯한 많은 조직들은 불가피하게 정체기를 맞게 되었다. 기업은 고민이 깊어질수록 내적인 혁신의 필요성을 절감한다. 이 문제 해결의 열쇠로 '통찰력'에 대한 관심이 높아지고 있다. 통찰력은 혁신을 가능하게 하고, 혁신은 위기를 기회로 갈아타게 해주기 때문이다. 위대한 혁신과 성장을 가능하게 하는 통찰력의 비밀은 무엇일까?

대상을 아낌없이 사랑할 때 발휘되는 힘

광학자였던 에드윈 랜드 폴라로이드는 '찍은 사진을 바로 보고 싶다'고 재촉하는 딸의 말에서 힌트를 얻어 '즉석카메라'라는 혁신적인 제품을 개발했다. 이것이 폴라로이드 카메라의 시초다. 1947년 첫 선을 보인 즉석카메라는 시쳇말로 대박이 났다. 발매하자마자 품절될 정도였다. 폴라로이드는 브랜드이자 모델명이었지만, 즉석카메라의 대명사가 되었다. 어린 딸이 불가능하고 황당한 것을 원한다고 피식 웃으며 무시하지 않고, 이것이 실제 사진을 찍는 소비자들의 보편적 욕구일 수 있다는 점을 통찰한 결과다.

바흐는 '음악의 아버지'이고, '의학의 아버지'는 히포크라테스다. '~의 아버지'는 한 전문 분야의 대가이거나 상징이 되는 사람을 말하는데, 두 사람은 각각 음악과 의학에 평생을 바쳤기에 그런 칭호를 얻게 되었다. 이제 머지않아 '혁신의 아버지'로는 애플의 경영자 스티브 잡스를 떠올릴지 모른다. 이미 그를 칭송하는 수많은 수식어가 있지만 '혁신의 아이콘'은 가장 사랑받는 별명이다. 그 수식어가 부족하지 않은 건 잡스가 인류의 생활양식을 혁명적으로 바꾸어놓은 기술의 혁신을 가져왔기 때문이다.

하지만 기술의 혁신을 넘어 사람에 대해 깊은 통찰력을 가지고 기술과 예술을 만나게 했다는 점이 더 큰 가치가 있다. 잡스는 앱스토어를 만들어 소프트웨어와 콘텐츠를 손쉽게 구매할 수 있게 하면서 기술이 아무리 발달해도 인간을 지배할 수 없으며, 기술은 인간의 삶의 질을 높이는 도구일 뿐이라는 인간 중심의 정신을 드높였다. 잡스는 고객에게서 얻은 통찰을 토대로 혁신적인 제품과 서비스를 창조했다. 고객이 원하는 것뿐만 아니라 고객조차 모르는 가치를 찾기 위해 그의 통찰력은 살아 있는 내내 소리 없이 구동되었기 때문에 세계인은 열광했다. '생각도 못했는데 어떻게 이런 것까지?' 하며 감탄하게 만들었다.

혁신은 반짝이는 아이디어도 아니고, 이런저런 방법을 시도하고 무작정 바꾸는 것도 아니다. 혁신의 씨앗이자 거름이 되는 통찰력은 사물이나 어떤 대상에 대한 깊은 애정을 통해 나온다. 대상에게 집중해 그 대상이 원하는 것이나 고민을 읽어내려 하고, 읽어낸 것을 해결하려고 온 에너지를 모으고 몰입하다 보면 한순간 문제의 본질과 핵심에 다다르게 된다. 그것이 바로 통찰력이다. 그리고 이 통찰력이 제대로 발휘되는 곳이 바로 혁신의 현장이다. 사람의 마음을 흔든 세상의 모든 대박 상품, 혁신적인 제품, 감동의 서비스는 이런 통찰의 프로세스를 거쳐 탄생한다.

감 떨어지기 기다리는 감나무 아래 통찰은 없다

통찰력은 세계의 리더들이 누구나 갖고 싶어 하는 능력이다. 어느 한 순간 마음속에 섬광 같은 것이 스치며, 우리에게 익숙한 어떤 것을 넘어 핵심으로 접근해 문제를 해결하는 것이다. 그 때문에 통찰력은 종종 천재들이나 가질 수 있는 특별한 능력이라는 편견도 있다. 하지만 통찰력은 천부적인 것보다 의지를 가지고 후천적인 훈련을 통해 길러지는 지적 능력에 가깝다.

세계적인 메이저 광고상을 휩쓸고 해외에서 능력을 인정받으며 국내 광고업계에 신선한 충격을 주었던 광고크리에이터 이제석은 후배 광고인들에게 이렇게 충고한다. '번쩍' 하고 떠오르는 영감은 아무것도 하지 않는 사람에게 오지 않는다고. 말하고자 하는 메시지가 사람들의 가슴을 울리는 번득이는 촌철살인의 한 문장, 한 컷의 이미지로 떠오르기까지 방대한 공부와 리서치, 사고하기는 필수적인 바탕이라는 것이다.

기업이 신제품을 출시하기 전에 시장조사를 하고 컨설팅을 의뢰하는 것도 핵심에 접근하기 위해서다. 고객이 무엇을 원하고 고객이 무엇을 불편해하는지 알아내어 그것을 만족시키는 제품을 만드는 과정이 신제품 개발이다. 천재라도 처음부터 통찰력이 저절로 발휘되지 않는다. 지식을 얻는 일은 누구나 마음만 먹으면 할 수 있지만, 지금은 지적 능력을 바탕으로 사람들의 새로운 욕구를 반영한 혁신의 마인드가 필요하다. 끊임없이 관찰하고, 분석하고, 재해석하고, 추론하고, 기억하는 가운데 번득이는 섬광을 잡게 된다.

통찰의 근육을 키우는 대표자 '역발상'

대중이 열광하는 코드는 '새로움과 낯섦' 그리고 '상상력과 창조성'이다. 이전에 누군가가 했던, 이전에 어디선가 본, 이전에 누군가가 만든 것 같은 익숙함에서 벗어나 낯설고 새롭고 놀라운 경험을 선물하는 인물이나 조식, 제품이나 서비스에 열렬히 반응한다.

통찰력이 발휘되는 순간도 바로 익숙한 것의 반대쪽을 살필 때다. 모두 다 '이것'이라고 생각하고 있을 때 반대로 '저것'이라고 해석하면 사람들은 깜짝 놀라고, 그 내용이 타당할 경우 감동으로 설득된다. 통찰의 힘을 기르는 가장 좋은 습관은 '역발상'이다. 성공에서 배우려 하기보다 실패에서 배우려 하고, 당연하다고 생각하는 것을 결코 당연하게 보지 않는 것이다.

풀은 우선 잘 붙어야 하는 게 당연한 생각이다. 손쉽게 떨어지는 풀은 불량품이다. 하지만 반대로 흔적 없이 쉽게 잘 떨어지는 것에 주목해서 당연한 생각을 완전히 뒤집어 성공한 제품이 바로 3M의 포스트잇이다. 손가락의 상처를 감싸기 위해 밴드는 살색이 가장 좋은 색깔이라고 생각하는 사람들에게, 과감히 만화 캐릭터를 넣어 만든 알록달록한 밴드는 신선한 충격이다. 튀는 건 문제가 아니다. 귀엽고 재미있고, 무엇보다 어린 아이들이 좋아해서 상처를 치료할 때 두려움도 한결 완화된다.

기존의 관점, 그 반대를 수용하는 건 용기가 필요한 일이다. 하지만 당연한 것만 받아들이는 데서 오는 필연적인 반대쪽의 결핍이나 부족함을 채워줄 수 있다. 성공한 역발상도 처음엔 언제나 '말도 안 되는 일'이었다. 하지만 '말도 안 되는 생각'은 문제를 한 가지 방식으로 푸는 데서 오는 한계를 해소해줄 수 있다. 그래서 일부러 반대로 생각하는 일은 쓸데없는 짓이 아니다. 있는 현상을 비판 없이 그대로 수긍하지 말고 '이렇게 하면 안 돼?' 하는 고민을 해보자. '꼭 밥그릇과 국그릇은 따로 있어야 해?' '피아노 건반이 빨강과 파랑이면 안 돼?' '왜 이런 방법으로만 영업해야 돼?' 등등 당연한 것을 뒤집어보자.

어려움은 밖에서 오더라도 기회는 안에서 찾아야 한다. 급변하는 환경 속에서 변화하지 않는 조직은 더 이상 살아남을 수 없다. 변화와 혁신을 위해서는 조금 더 내 일에 몰입하고, 내가 속한 조직을 사랑하며 고객의 욕구와 불편에 귀 기울여야 한다. 여기에 위기가 기회라는 긍정적인 생각을 잊지 않는다면 조직의 혁신에는 탄력이 붙고 어려움은 이기고도 남을 것이다.

Action talk

Q & A 상사도 부하가 두렵습니다

"막 승진해서 실수할까 두렵습니다."

Q 30대 중반의 직장인입니다. 동료들에 비하면 조금 늦은 감이 있지만 얼마 전에 승진했습니다. 그래도 승진을 하면 무슨 일이든 실무자일 때보다는 수월할 줄 알았습니다. 근데 그게 아니네요. 더 어렵습니다. 자잘하게 할 일은 줄어들었지만 책임은 더 무겁네요. 부하의 실수도 내 실수고 내 실수도 내 실수가 되는 건 물론이고, 리더의 실수는 단순한 실수가 아니라 치명적인 주홍글씨가 될 테니 한여름에도 살얼음판을 걷는 기분입니다. 승진했는데 기쁜 마음보다 두려운 마음이 더 큰데, 어찌해야 할까요?

A 원래 그렇습니다. 승진하고 연봉이 높아지는 건 앞으로 회사가 더 써먹을 것이기 때문입니다. 외롭고 힘든 자리의 값이라고나 할까요? 관리자, 즉 리더는 그 영향력만큼의 부담감을 숙명처럼 가질 수밖에 없습니다. 그래서 왜 일해야 하는지 명확하게 자신의 목표를 가지고 있어야 합니다.

왜 승진하고 싶었는지 생각해보세요. 반짝이는 직함이 달린 명패가 놓인 널찍한 책상을 갖고 싶어서? 법인카드를 마음대로 쓰고 싶어서? 부하직원에게 지시하고 명령하는 재미로? 이건 아닐 것입니다. 회사에서 승진시켜주니까 연봉 오르니 좋고, 남들이 팀장님, 부장님, 과장님 대접해준다고 시간이 흘러 저절로 제 역할을 하는 것은 아닙니다. 직급이 올라가면 갈수록 자신을 비춰주는 거울이 커진다는 사실을 잊지 마세요. 직원들은 상사의 말을 듣고 따르는 것이 아니라 그의 행동을 보고 따릅니다. 일에 대한 사명감과 사람에 대한 책임감을 갖고 확실한 목표를 잃지 않는다면 무엇을 어떻게 해야 할지 구체적인 길도 보일 것입니다.

"저도 위임하고 싶어요."

Q 저도 그러고 싶지 않습니다. 헌데, 보면 어설프고 허술한 걸 어쩌겠습니까? 늘 "저희가 알아서 할게요. 걱정 마세요"라고 말하지만 잠시 신경을 못 쓰면 꼭 문제가 생기죠. 자료만 산더미처럼 끌어안고 있다가 처음에서 몇 발짝 나가지도 못하거나, 일의 목표를 벗어난 방향성 때문에 어디서부터 손을 대야 할지 모르겠어요. 그러다가 마감 시간이 다가오면 결국 저만 쳐다보며 처분을 바라니 속이 터집니다. 저도 실무는 위임하고 싶습니다. 그게 진짜 제 업무가 아니라는 것쯤은 저도 압니다. 하지만 시간도 없는데 답이 없는 부하는 견딜 수 없습니다. 한두 번 경험하니 차라리 내가 후딱 해버리는 게 속이 편해서 자꾸 손을 댑니다.

A 선수가 무능하다고 코치와 감독이 대신 그라운드에서 뛸 수는 없습니다. 선수가 무능하면 다른 선수로 교체하거나 전술을 바꿔야 하죠. 결국 리더는 자신이 직접 실무에서 일하지 않지만 직원들이 얼마나 제 능력을 잘 발휘하느냐로 능력을 평가받게 됩니다. 정보와 권한을 주어 부하직원 스스로 성공할 수 있도록 지원하고 코치해야 합니다.

먼저 '자신이 후다닥 해치우는 습관'을 끊으셔야 합니다. 리더가 후다닥 해치우면 빨리 제 시간에 제대로 끝나긴 하겠지만 다음에 또 이런 과정을 반복하셔야 할 겁니다. 부하들은 또 상사만 쳐다볼 테고 말이죠. 부하들이 왜 실수하는지, 왜 앞으로 나아가지 못하는지, 왜 중구난방인지, 앞으로 스스로 일하게 하기 위해 무엇을 도와주어야 하는지를 면밀히 고민해보세요. 그리고 알아서 한다는 말은 당분간 믿지 말고, 일의 방향을 확실히 정하고 업무를 구체적으로 지시하세요.

"직원들의 내적 동기에 불을 지피려면 어떻게 해야 할까요?"

Q 한 중소기업의 40대 중간 관리자입니다. 직원 100여 명이 있는 회사에서 사장님 말고는 제가 모든 직원들의 관리를 도맡아한다고 할 수 있습

니다. 저는 잘해보고 싶었습니다. 여러 가지 부족한 환경이지만 직원들이 나름대로 회사가 노력하고 있다는 점을 알 수 있게 직원 사기 진작 프로그램도 끊임없이 고민합니다. 그런데 결과는 항상 저를 씁쓸하게 하죠. 직원들은 별로 반응하지 않거든요. 처음엔 대단한 기세로 호응할 것 같은 분위기지만 시들해지는 것은 풍선껌 불다가 터지는 시간처럼 짧습니다. 참 힘드네요. 어떻게 직원들의 내적 동기에 불을 지필 수 있을까요? 제가 능력이 부족한 걸까요?

A 우선 자책하지 마시라는 조언부터 드리고 싶습니다. 기업이 사원들의 사기 진작을 위해 들이는 노력은 대단합니다. 규모마다 업종마다 정말 천차만별이죠. 사원 복지, 교육 프로그램, 성과급제도, 워크숍, 세미나, 월간 이벤트 등등. 그런데 아무리 다양해도 공통점이 하나 있습니다. 대부분 직원들의 호응은 밍밍하거나 시들하거나 짜증스러워한다는 것이죠. '우릴 좀 내버려둬' 하고 속으로 소리칠지 모르죠. 아니면 '월급이나 올려줘' 할지도 모르고요.

결론은 이 회사 직원들만 호응이 없는 게 아니라는 겁니다. 그럼 많은 기업의 사원들이 배은망덕한 사람들만 모인 것이냐? 그건 아닙니다. 직원들은 경영자나 관리자들만 흐뭇해하는 프로그램은 좋아하지 않습니다. 그것보다 업무 환경에서 결핍된 것, 원하는 것이 충족되길 바라죠. 일을 재미있게 할 수 있는 문화, 일한 만큼 보상이 되는 시스템, 직업적으로 발전하고 성장하길 바라는 마음 등이 충족되어야 합니다.

혼자 너무 고민하지 마세요. 혼자하기에 한계가 느껴진다면 작은 회사라도 재미있게 '사내 공모'를 해보세요. 먼저 직원들을 행복하게 해주려는 분이 행복하고 즐거워야 합니다. 이참에 제대로 인내심을 가지고 현장의 쓴소리를 듣는 일부터 하시는 건 어떨까요? 그 안에서 정말 직원 모두가 춤을 추는 좋은 아이디어를 어렵지 않게 찾아낼 수 있을 겁니다.

Chapter 3

통하는 사람의 인간관계

Chapter 3

통하는 사람의 인간관계

우리는 한 배를 탄 사람들입니다

아무리 오랫동안 친했던 사람이라도 함께 사업을 시작하면 그 좋은 관계를 유지하는 일은 쉽지 않다. 그러니 조직의 경우 개인의 의지와 관계없이 서로 다른 환경에서 일했던 사람들이 한 공간에서 일하게 되었을 때의 그 불협화음은 당연하다. 한쪽의 일방적인 희생과 양보로 잠시의 평화나 매끄러운 비즈니스를 기대할 순 있지만, 그렇게 해서는 오래가지 못한다. 이런 조직은 한동안 구성원끼리의 커뮤니케이션에 공을 들여야 한다. 서로 배려하고 협조하면서 친해지기까지 시간이 필요하다. 무엇보다 중요한 것은 개개인의 노력이다.

곤란한 일, 어려운 일, 힘든 일을 피해가고 싶은 심정은 누구나 같다. 남이 좀 해줬으면, 누군가 좀 하겠지 하며 한 발 빼는 일은 직장에서 흔히 일어나는 일이다. 집단이나 조직공동체의 본능과 같은 심리다. 이런 심리를 보여주는 실험도 있었다. 옆방에서 간질 증상을 보이는 사람의 목소리를 들었을 경우 혼자 있을 때는 도와줄 확률이 85퍼센트지만, 다섯 명이 함께 들었다는 걸 알 때는 31퍼센트 확률로 떨어지며 행동으로 옮기는 데 걸리는 시간도 길어진다는 것이다. 집단이 커질수록 그 집단에 속한 개인이 느끼는 "내가 먼저 해야 한다"는 책임감은 줄어든다. '누군가 하겠지'라는 무관심과 방관자 심리도 한몫한다.

아무리 훌륭한 악기라도 합창보다 아름다운 소리는 없다. 사귀는 일, 협력하는 일, 서로 도움이 되는 일들은 사람의 마음에 달린 문제다. 긍정적이고 적극적인 자세로 일에 임하고 사람을 대해야 화음이 아름다워진다. 내 목소리를 뽐내기보다 다른 많은 사람들의 목소리에 조화롭게 섞이는 것은 남을 존중하고 배려하는 아름다운 마음이지, 남에게 자신을 숙이는 일이 아니다.

이제 개인주의를 버리고 '내가 먼저' 하는 즐거움을 좀 더 많이 경험해 보자. 떠밀려서 하기보다 스스로 알아서 솔선하는 즐거움을 아는 사람은 저절로 자기계발과 자기성장의 씨앗을 잉태하게 된다.

스포츠에서 선수들의 사기는 정신력에 큰 영향을 미치기 때문에 무엇보다도 중요하다. 사기를 올려주는 사람은 관중이라 생각하기 쉽지만, 실은 그 경기에 함께 참여하고 있는 동료 선수일 때가 더 많다. 관중의 함성 소리에 묻혀 잘 들리지도 않을 것 같은데, 선수들은 자기들끼리 끊임없이 소리치고 격려하고 조언한다. "잘했어! 좋아!" "그렇지! 좋아 좋아!" "파이팅!"

경기 중에 서로 오가는 '파이팅'은 경기 내내 지속적으로 해야 한다.

서로에게 사기를 북돋아주고 커뮤니케이션이 원활해서 팀워크를 견고하게 한다. 어떤 조직이든 외부에서 오는 좋은 에너지에 영향을 받는 일보다 구성원들끼리 긍정적인 힘을 서로 나누면서 격려하는 것이 훨씬 견고한 팀워크를 유지할 수 있다. 밖에서 오는 영향은 유동적이고 언제 사라질지 모르기 때문이다.

동료 사이, 상사와 부하직원끼리 '잘한다' '훌륭하다' '언제 봐도 믿음이 간다' '역시 최고다' '잘하고 있다' '걱정이 안 된다' '걱정 마라' '괜찮다' '좋은 생각이다' '좋은 예감이 든다' 같은 말을 늘 자연스럽게 써야 한다. 그러면 나는 물론 상대방에게 계속 좋은 바이러스를 전염시키며 튼튼한 조직이 되어간다. 이런 말을 할 줄 모르는 사람은 반대로 부정적인 말에 익숙할지 모른다. 지금부터라도 자신의 말 습관을 돌아보고 동료에게 힘이 될 수 있는 말, 동료가 즐겁게 출근할 수 있는 말, 동료에게 자신감 있게 일할 수 있는 의욕을 주는 말을 연습해보는 것은 어떨까. 그렇게 해서 자신에게 돌아올 긍정적인 효과는 기대해도 좋다.

그러나 노력해도 조직생활이 모두 내 생각대로만 될 수는 없다. 남이 내 가치관과 다른 생각을 꺾지 않는다고 해서 그 사람을 비판해서는 안 된다. 바로 내 앞에서 일하는 동료를 보며 "저 사람은 왜 저럴까? 저 사람은 왜 이렇게 생각하지 못하는 것일까?" 하면서 속을 끓이다 보면 생각지도 못한 상황에서 동료에게 가시 돋친 말로 공격할 수 있다. 장애나 종교·정치적 성향의 차이만 큰 차이가 아니다. 나와 다른 생각을 하는 사람, 내 마음에 못마땅한 행동을 하는 동료를 한 발 떨어져서 이해하려는 마음, '그럴 수 있다'고 생각하며 그 사람이 되어보려는 자세 속에서 소통은 이루어진다.

내 방식이 편하고 좋다고 생각할지라도 내 방식을 다른 사람에게 강요하기에 앞서, 먼저 내 방식만 옳다고 생각하는 자세를 버리는 것이 중요하다. 절대적인 것은 없다. 서로 일하는 방식이 다른 사람이 잘 지내지 못하는 이유는 화합하고 협동하지 못하기 때문이 아니라 융통성이 없기 때문이다. 동료가 화를 내기까지 얼마나 참는 스타일인지, 결정을 내려야 할 때 얼마 동안의 시간이 필요한지 관찰하고 서로 부족한 점을 보완하면 더 좋은 성과를 얻을 수 있다.

남을 먼저 배려하는 마음은 우리가 어릴 적부터 배워온 예절이자 상식이다. 하지만 이를 늘 실천하고 사는 사람은 생각 외로 적다. 상대방의 입장을 생각하고 베푸는 자세야말로 모든 관계의 핵심이다. 따뜻한 배려와 베풀기는 메아리와 같아 언제든 되돌아온다. 먼저 가장 가까이 있는 동료에게 아낌없이 베풀고 그들을 배려하라. 그러면 단점보다 장점이 더 잘 보일 것이다.

피할 수 없으니 돌아가는 법

직장생활의 성패는 때로 인간관계에 의해 크게 좌우된다. 그래서 되도록 양보하고 이해하고 배려하고 노력하지만, 노력만으로는 도저히 가까워질 수 없는 유형도 있다. 다른 회사에 다니는 친구도 비슷한 문제로 골머리를 앓는 걸 보면, 어느 직장에서나 스트레스 주는 동료나 상사들이 있게 마련이다. 그렇다면 우리를 흥분시키는 그들은 어떤 유형들일까?

가차 없이 폭풍 분노를 투척하는 유형

모 부장님은 당신 아래 아무것도 없는 것 같다. 당신의 기대치보다 조금이라도 떨어진다 싶으면 가차 없다. 업무적인 면만 보면 어느 정도 성과나 성취가 있기 때문에 회사에서도 인정받고 부하들도 '나도 저 정도는 해내야 할 텐데' 하는 분위기지만, 그래도 정말 너무할 때가 많다. 한 가지 눈에 거슬리는 일이 있기라도 하면, 시도 때도 없이 잔소리하고 험한 소리로 야단하고 아픈 데를 서슴없이 찌르기도 한다. 이러다 보니 관계없는 주변 사람들까지 스트레스로 피곤해진다.

이런 스타일은 분노의 방아쇠를 당기지 않도록 상대가 조절해주어야 한다. 따라서 되도록 지시나 명령은 받아들여야 한다. "너무하세요" "그건 아닌 것 같은데요"와 같은 말은 '불난 데 기름 붓는' 격이다. 이미 분노 모드로 돌아섰을 땐 변명하거나 논리적으로 설명하려는 위험한 방법을 쓰지 말고 간단히 '꼬리를 내린다.' 바로 사과하고 조심하겠다고 덧붙이면 더 이상 일이 커지지 않고 상황은 종료된다.

사실 이렇게 하기가 쉽지 않지만, 변하지 않는 이 상황을 받아들이고 포기할 건 포기해야 한다. 배척하고 미워하며 스트레스 받기보다 차라리 친해지는 방법이 빠르다. 상사를 칭찬하고 개인적으로 상담도 하면서 친밀도를 높여나가라. 그리고 일할 때는 업무의 성취도를 높이는 원만하고 긍정적인 표현을 하는 것이 좋다. "이 방법이 가장 잘 맞을 겁니다" "지금 시작하는 것이 유리합니다" 같은 스타일로 말하면서 필요한 쪽으로 유도하고 제안하는 것이다.

바라는 건 많아도 믿지는 못하는 유형

'장長'급 명함 하나 달랑 들고 부하들의 신망과 존경을 바라도 너무 바라는 상사가 있다. 거기다 무능을 숨기려고 부지런하기는 엄청 부지런하다. 틈만 나면 야근, 일요일 특근 등의 일을 벌인다. 그러면 사람을 믿어주기라도 해야 하는데 도무지 부하를 믿지 못하는 증세는 병 중의 중병! 일 시켜놓고는 시시때때로 점검하고 검사한다. 반면 속으론 자기 없는 데서 혹시 험담을 하지 않는지 걱정돼 직원들이 모이는 곳에 불시에 나타나는 게 특기! 그러나 불행하게도 직급이 곧 유능함의 증거라고 생각하는 그의 무능을 모든 직원들은 환히 꿰뚫고 있다.

이런 스타일은 가장 힘든 유형의 상사다. 별로 머리도 안 따라가고 아는 것도 많지 않은데 열심히 하는 게 능사라고 생각하는 사람이 제일 피곤하다. 모르면서 자꾸 시키니까 골치 아프다. 이런 상사는 말로 해서는 안 되고, 새로운 아이디어를 내서 실제로 보여주면 그때서야 수긍한다.

업무적인 갈등에는 개인 면담을 통해 개인 성과 향상이나 업무 수행을 위해 필요한 것들(시간 연장, 추가인력 투입 등의 기타 지원)을 정중하게 요청한다. 업무 일정이나 성과지표 등 준비할 수 있는 객관적인 자료를 제시하고 "최선을 다해 열심히 하겠습니다. 그리고 중간중간 보고 드리겠습니다"라는 말로 안심시킨다.

열등감으로 뒷담화를 멈추지 않는 유형

아무리 동기라도 지나친 경쟁심은 피곤하다. 그런데 시시때때로 동료의 험담을 하거나 호시탐탐 촉각을 곤두세우고 사생활까지 험담의 빌미로 이용하는 이들이 있다. 그러면서도 자신의 이미지를 위해 '이건 비판이 아니라 그냥 있는 사실을 이야기한 것뿐'이라고 은근히 합리화한다. 차라리 험담거리가 많은 사람을 무시해주었으면 좋겠는데, 흉을 보면서도 사사건건 그 사람이 하는 일, 만나는 사람에 관심이 많고 친한 척하면서 끼어들기까지 하니 이만저만 괴로운 게 아니다. 일할 때는 선의의 경쟁을 할 수도 있지만 평상시에는 편하게 지내고 싶은데 어떻게 해야 할까.

그 어떤 사람도 장점과 강점은 한 가지씩 있기 마련이다. 내가 자기보다 더 뛰어나다고 생각하며 전전긍긍하는 사람들은 열등감이 있기 때문이다. 그런 사람에겐 경쟁을 부추기는 방법보다 상대의 장점과 강점, 나보다 뛰어난 점을 찾아 현재 그 우위를 인정하고 존경하는 마음을 표현해보자. 그 사람과 개인적인 시간을 짧게 자주 갖는 것이 효과적이다. 나보다 우월한 부분을 확실히 인정하고 칭찬하며 언제든 배우고 싶다는 자세도 갖춘다. 경쟁 상대가 아니라 친구이며, 함께 뛰는 페이스메이커라는 인식을 심어준다.

이익 앞에 계산이 빨라지는 교활한 유형

별로 가까운 사이가 아니라고 생각하는데, 뭔가 부탁할 일이 있을 때만 마구 친한 척하는 선배가 있다. 자기 이익을 위해서는 수단과 방법을 안 가리기 때문에 알면서도 여러 차례 교묘하게 이용당해왔다. 그렇다고 선배가 조직생활 중에 티 나게 나쁜 문제를 일으키지 않으니 은밀하게 당하는 사람만 속으로 끙끙 앓고 분하다. 후배 입장으로서는 선배의 말을 들어주지 않을 수도 없고, 해주면서도 화가 치민다. '당했다'는 기분이 들지 않고 이런 상황을 잘 대처할 방법은 없을까.

무엇이든 자기 이익과 연결하는 교활한 유형이다. 이런 사람과 대면해야 할 때는 나 역시 일부러 교활해야 한다. 철저하게 계산해서 상대가 알게 한다. “저도 바쁜데 선배님께 이 일을 해드리는 건 지난번 일에 대한 보답입니다”, 반대로 그 사람에게 뭔가를 부탁할 때는 “지난번 제가 해드린 것 기억하시죠? 이번엔 제 것 좀 부탁드릴게요”라고 당당하게 말한다.

얼굴엔 미소를 살짝 띠고 거절할 수 없게 한다. 내가 상대의 부탁을 들어주었다면, 나도 당신한테 부탁할 수 있는 사람이라는 이미지를 확실히 심어주는 것이다. 이제까지 힘없이 속으로 앓고 억지로 끌려왔다면 지금부터라도 조금씩 단호하게 행동하자. 내가 ‘기브 앤 테이크give and take’에 철저한 스타일이라는 것을 알면 상대방도 나를 쉽게 볼 수 없을 것이다.

상처받았다고 징징대는 유형

무슨 말을 못하겠는 후배. 두어 달 지난 일을 가지고 “그때 그런 말씀하신 거 잊지 않고 있어요. 저 진짜 상처받았거든요” 하는데 황당하다. 상상도 못 할 이유를 가지고 몇 달씩 누군가를 미워하고 있었다는 생각을 하면 등골이 서늘하다. 대수롭지 않은 사소한 말에도 상처를 받으니 입이 있어도 말을 못하겠고, 꼭 해야 할 말도 이건 시어머니 앞에서 말해야 하는 며느리보다 더 조심스럽다. 그 후배는 한마디라도 조금만 부정적인 단어를 쓰면 그 말이 목에 콱 걸리나 보다. 아, 정말 나 그렇게 나쁜 사람 아니라고.

너무 과민해서 여러 사람이 눈치 보게 만드는 사람이다. 보통 사람에겐 부정적인 말일수록 짧고 굵게 끝내야 하지만, 이런 사람에겐 천천히 설명해주어야 한다. 개인적인 의견을 덧붙이는 일도 하지 않는 게 좋다.

단어 하나 가지고 오해를 곱씹는 스타일이니 힘들더라도 오해하거나 애매하게 해석할 여지가 있는 문장 없이 구체적이며 노골적으로 설명하는 것이 좋다.

친화지능은 유연함으로 진화한다

'교육심리학의 대가'라고 칭송받는 하버드 대학의 하워드 가드너 교수는 인간의 지능이 단일하다는 일반적인 학설을 깨고 인간은 '다중지능'을 가지고 있다는 연구와 이론으로 세계적인 명성을 얻었다. 가드너 박사는 애초에 정립한 7가지의 지능인 음악지능, 신체운동지능, 논리수학지능, 언어지능, 공간지능, 인간친화지능, 자기성찰지능 외에 자연친화지능을 추가했다. 거기에 뇌의 어느 부분에서 관장하는지 밝혀줄 증거가 부족해서 절반만 인정한 실존지능까지 모두 8과 2분의 1의 지능을 확인했다고 밝혔다. 사람은 자신이 필요할 때 이 모든 지능을 이용하지만 유독 한두 가지 지능에서 강점을 보일 수 있다는 것이다.

그렇다면 직장인들은 조직생활을 하면서 가장 강점으로 갖고 싶은 지능은 무엇일까? 아마 가장 큰 교집합은 '인간친화지능'이 아닐까. 일 자체보다 관계의 어려움을 토로하는 사람들이 더 많은데, 인간친화지능이 잘 발휘된다면 서로 다른 업무 스타일이나 세대 차이, 성격 차이, 능력 차이 등으로 생기는 불편함이나 비능률을 최대한 줄일 수 있을 것이다.

지능은 자꾸 쓰면 계발된다. 한쪽만 열렬히 사랑한다고 사랑이 이루어지는 것은 아니지만 서로의 마음을 잘 모르는 상태라면 어느 쪽이든 먼저 표현해야 하지 않을까. 말을 건네든, 우회적으로 데이트 신청을 하든, 우연을 가장해 만나든 닫혀 있는 마음을 두드릴 기회를 갖고 시도해야 한다. 이젠 기다리지 말고 내가 먼저 실천해보자.

사실 우리는 사소하고 아무것도 아닌 일로 오해하거나 갈등한다. 돌아서서 생각해보면 업무 처리 스타일이나 사고방식 차이 때문이다. '저 사람은 왜 일을 저렇게 처리하지?' '내 상식으론 도통 이해가 안 돼'라며 불만을 토로하지만, 사실 사람은 자기 경험을 통해 갖게 된 일정한 가치 기준을 쉽게 바꾸지 못한다. 바꿔 생각하면 다른 사람도 나의 스타일에 그런 불만을 가질 수 있다.

이 때문에 사람들이 가진 생각의 차이, 습관의 차이를 인정하고 나면 사람을 대하는 태도를 수월하게 바꿀 수 있다. '나만 옳다'는 생각을 버리고 '다른 방식이 있을 수 있고 그것이 옳을 수도 있다'는 유연한 사고방식이 되기 때문이다. 동료나 다른 사람을 평가하기 전에 먼저 상대의 성향과 스타일을 관찰해보자. 상대방의 가치 기준을 알게 되면, 내 의견을 어떻게 표현하는 것이 좋을지 생각하기가 한결 쉬워지고 이해의 폭이 넓어진다.

상대가 나와 다른 점을 불만스러워하기보다 나와 비슷한 점을 찾으려 하고, 상대의 단점이나 못마땅한 점을 찾기보다 장점과 배울 점을 먼저 보는 습관이 필요하다. 친하지 않은 사이거나 잘 모르는 사이라 서로 탐색 기간일 때는 장점보다 단점이, 공통점보다는 차이점이, 배울 점보다는 깎아내릴 점이 더 눈에 잘 띄기 때문이다.

윈스턴 처칠은 "태도는 사소한 것이지만 그것이 만드는 차이는 엄청나다"고 말했다. 어떤 마음가짐을 갖느냐가 어떤 일을 하느냐보다 더 큰 차이를 만들 수 있다는 뜻일 것이다. 스스로에게 갖는 태도는 물론이고, 밖으로 드러나는 태도를 어떻게 하느냐에 따라 나에 대한 타인의 생각을 완전히 바꿔놓을 수 있다.

내게 껄끄러운 사람이라도 좋은 점과 배울 점을 자꾸 찾아내고 겉으로 표현하면서 칭찬해보는 것은 좋은 습관이다. 상대의 장점과 잠재력에 집중하며 긍정적인 에너지를 전할 수 있다면, 비록 인간적으로는 가깝지 않고 업무적 이해관계가 전부일지라도 결국 인간적인 신뢰와 친밀감은 차곡차곡 쌓여갈 것이다.

당신은 영향력 있는 사람입니다

'한 명의 리더가 수많은 사람을 먹여 살리는 시대'라는 말도 어느덧 옛말이 되어가고 있다. 리더가 아무리 능력 있고 실력이 뛰어나다고 해도 따르는 사람, 즉 팔로어follower가 없으면 허수아비 신세밖에 되지 않는다. 많은 사람이 지지하고 도움을 주지 않으면 리더에게 힘이 실리지 않아 일을 제대로 하기 어려워졌다. 이제 리더가 이끌면 무조건 따랐던 팔로어의 입장이 서로 바뀐 시대가 된 것이다.

이미 대중문화는 다른 어떤 분야보다 먼저 팔로어, 즉 대중문화를 향유하는 소비자 파워가 강력해진 지 오래다. 큰 화제를 몰고 왔던 〈나는 가수다〉에서 가수들의 생존 여부는 전적으로 청중평가단의 투표로 결정된다.

가수들의 노래를 수동적으로 듣기만 했던 청중이 권력을 가지게 된 것이다. 드라마 주인공은 시청자들의 입김으로 죽으려다 결말에 살아나고, 스타는 말 한마디 행동 한 번 잘못해서 한순간 대중들에게서 외면 받는다. 이제 인터넷, 스마트폰을 필수품으로 가진 디지털 시대의 팔로어는 누구도 완벽하게 통제할 수 없게 되었다. 기업도 고객에게 밉보이거나 불량 상품을 판매하면 순식간에 불매 운동의 대상이 되거나 부도덕한 기업의 이미지로 낙인 찍혀 철저히 관리하고 조심하지 않으면 안 된다.

이른바 '리더는 이끌고 팔로어는 따른다'는 공식이 깨졌다. 리더는 자신의 능력과 판단대로 조직이나 팀을 이끌면서도 함께 일해야 할 구성원들, 즉 팔로어의 반응에도 민감하게 대처해야 한다. 더 이상 독선적이거나 권위적이기만 해서는 업무를 효율적으로 해나갈 수 없다. 리더는 팔로어의 마음을 사로잡아야 하는 과제와 마주하게 되면서 공감과 소통이 더없이 중요해졌다.

그런 의미에서 리더에게 힘을 실어주거나 리더를 긴장시키는 팔로어의 책무도 가볍지 않다. 팔로어가 자기 힘을 제대로 찾아 발휘하지 않으면, 리더도 리더지만 자신이 몸담고 있는 조직에 부정적인 영향을 미치기 때문이다. 하지만 직장에선 인사고과에 절대적 영향력을 행사하는 상사에게 비판을 하거나 잘못을 지적하는 일은 엄두가 나지 않는다. 아예 밥숟가락 놓을 일이 생길까 두렵다. 그러다 보니 비효율적이고 부도덕한 나쁜 리더도 별 수 없이 따르게 된다. 저항할 때 치러야 하는 대가가 크기 때문이다.

보통 우리는 속상하고 분노하는 마음을 억누르고 침묵한다. 아니면 마음속으로 나쁜 일이 일어나길 빈다거나, 달달한 것 좋아하는 상사에게 진한 블랙으로 커피를 내주고 사라져버리거나, 일부러 실수하고 상사가 책임지도록 발뺌하는 등 소심한 복수를 한다. 그러다가 도저히 참을 수 없는 지경에 이르면 사표를 던지고 만다. 하지만 저항하는 게 위험하다고 해서 가만히 있는 것이 안전하지도 않다. 적절하고 효과적인 반항은 리더십을 수정하고 팔로어에 대한 인식을 바꿔줄 수 있다.

바버라 켈러먼은《팔로어십》이라는 책에서 나쁜 리더에게 시달리는 좋은 팔로어들의 행동 지침을 다섯 가지로 정리한다. 조용히 저항할 것, 위협을 기회로 바꿀 것, 협상할 것, 소소한 승리를 이용할 것, 단체행동을 할 것이 그것이다. 리더들은 매 순간 어떤 것을 선택하고 결정해야 하는 사람들이다. 그래서 외롭고 고독한 사람이다. 팔로어들은 틈 날 때마다 리더들이 올바른 판단을 할 수 있도록 협조하고 자신의 생각을 들려주어야 한다.

어느 프랑스 기업인의 부인이 정원사에게 일을 맡겼는데, 프랑스, 한국, 일본 정원사의 스타일이 조금씩 달랐다고 한다. 프랑스 정원사는 자기 생각대로 나무를 심고 간 반면, 한국 정원사는 주인이 원하는 위치에 정확히 나무를 심어주었다. 반면에 일본 정원사는 정원과 나무의 조화를 보고 나무를 심을 곳과 돌과 자갈을 깔 곳에 대한 자신의 의견을 제시했고, 다시 주인의 의견을 물어 합일점을 도출한 뒤에야 비로소 정원 가꾸기를 시작했다고 한다.

긍정적인 힘을 행사하는 팔로어는 리더와 자신의 관계를 파트너십으로 설정한다. 스스로 주체적으로 생각하며 자존감을 가질 때, 리더의 영향력에 무조건 기죽지 않고 자기 의견을 이야기할 수 있게 된다. 이렇게 자신감 있는 태도를 갖게 되려면 먼저 스스로 기본적인 역량을 잘 갖춰야 한다. 할 말을 다 하고도 '후한' 을 두려워하지 않을 정도로 심적으로 평정심을 잃지 않으려면 평소 리더와 커뮤니케이션이 잘되어 있어야 한다. 리더에게 성실한 태도와 능력을 보여주고 신뢰를 쌓았을 때, 팔로어가 할 말을 다 해도 리더는 괘씸해하지 않고 그의 말을 곰곰이 되새기게 된다.

또한 팔로어는 조직과 자신의 발전을 위해 리더에게 헌신해야 한다. 이것은 조직문화를 바꾸는 대단한 일의 시작이기도 하다. 많은 위대한 사람들 뒤엔 헌신적인 어머니나 아버지가 있다. 골프선수 타이거 우즈, 박세리, 신지애의 영광 뒤엔 아버지의 헌신이 절대적이었다. 마찬가지로 전통 깊은 탄탄한 기업들 뒤엔 헌신적이고 자발적인 직원들의 공로가 오랜 세월 축적되어왔다.

팔로어가 리더를 헌신적으로 보좌할 때 조직의 성공도 팔로어의 성공도 함께 보장된다. 이제는 팔로어가 성공 스토리를 만들어간다. 소심하고 소극적인 생각을 떨쳐버리고, 좀 더 적극적이고 긍정적인 팔로어십에 대한 다양한 도전과 열정을 불태울 시간이다.

갈등의 화살 끝을 돌려라

우리는 매일 수많은 사람들과 관계를 맺으며 살아가는데, 사람들과 교류하고 소통이 잘되어야 일 처리도 수월해진다. 하지만 그게 쉽지 않다. 늘 크고 작은 갈등을 겪는다. 누구에게 문제가 있는 걸까?

이런 질문을 던지면 사람들은 자신은 돌아볼 틈 없이 타인에 대한 반응에만 과민하다. '누가 건드리기만 해봐'라고 생각하는 듯 갈등이 생기면 좀체 마음의 여유가 없다. 조금만 물러나보면 해결의 실마리는 가까운 데 있는데도 말이다.

한때 '내 탓이오'라는 스티커를 붙인 차량이 많았다. '내 탓이오'는 가톨릭의 기도문에 있는 한 구절로, 남을 탓하기 전에 자기 자신부터 돌아보자는 취지로 잔잔한 신드롬을 불러일으켰다. 그런데 그것도 잠시, 어느덧 우리는 묻지도 따지지도 않고 일단 '니 탓이오'로 변해버렸다. 눈 감으면 코 베어갈까 봐 '만만하게 보이면 안 돼. 내가 몽땅 뒤집어쓸지 몰라. 먼저 기선제압 해야 돼' 하는 식이다. 이런 '피해의식'에 사로잡혀 직장에서도 갈등이나 오해가 생겼을 때 자기 안에서 먼저 날을 세우게 된다.

사실 갈등을 해소하는 가장 쉽고도 어려운 방법은 자기 안에 있는 걸 알지만 외면하고 싶은 '피해의식'을 없애는 것이다. 나를 긍정해야 남도 긍정한다. 혹시 직장 동료와 해묵은 감정이 있다면, 상사와의 갈등으로 지쳤다면 새로운 관점으로 문제를 바라보자. 트러블 제공자의 초점을 동료나 상사에게서 나로 돌려보는 것이다. 동료나 상사를 바꾸는 건 영원히 어려울지 몰라도 나를 바꾸는 건 상대적으로 더 쉽다. 그들이 틀렸다고 생각하면 괴롭지만, 그들은 나와 다를 뿐이라고 생각하면 새로운 해결의 실마리를 찾을 수 있다.

회식에 대한 생각만 해도 그렇다. 술 때문에 일어나는 갈등은 심심치 않다. 술을 안 좋아하는 사람은 술 좋아하는 사람을 이해하지 못한다. 그냥 술 마시자 하면 지긋지긋하다. 이 문제는 '술'에 대한 생각이 서로 다르기 때문이지 누가 틀렸기 때문이 아니다. 안 취하려면 술은 왜 먹으며 술이 인간관계의 중요한 장이라고 생각하는 사람과 '술'은 어느 정도 취하면 술이 술을 먹는 것일 뿐 두통과 구토를 유발하는 못된 알코올일 뿐이라고 생각하는 사람 사이에 접점은 없다. 술 싫어하는 사람은 "술 없어도 충분히 대화가 가능한데 왜 꼭 술에 의지해서 말하려는 거지? 술에 취하면 남의 말은 안 듣고 자기 말만 할 거면서 말야" 하고 투덜댈지도 모른다.

접점이 없다면 서로 생각이 다르다는 '차이'를 받아들여야 한다. 술을 사랑하는 사람과 술을 증오하는 사람이 서로에게 '넌 틀렸어'라고 할 게 아니라 '당신은 나와 다르군' 하며 서로 인정하는 자세가 필요하다. 그리고 아무리 작은 부분이라도 서로 생각이 겹치는 부분을 찾아서 마지노선을 가지면 된다. 상사는 평소 부하의 주량을 알면 그 선을 넘지 않도록 배려해주고, 사양의 눈치가 보이면 더 이상 권하지 말아야 한다. 술을 잘 못하면 차라리 술자리에 대해 적극적인 자세가 되는 것도 방법이다. 새로운 술집을 알아두었다가 소개하기도 하고, "왜 술 안 마시냐"는 소리가 나오기 전에 주의를 돌릴 수 있는 개인기를 갖는 것도 좋다.

누군가가 나의 취향이나 관점을 '틀렸다'고 하면 기분이 좋지 않다. 이처럼 화살을 상대에게 겨누면 갈등의 씨앗만 싹튼다. '나와 다르구나. 나는 이런데……' 하며 그 차이를 먼저 인정하면 그 다음엔 어떻게 행동해야 할지 감이 잡힌다. 먼저 다른 점을 인정한 후 같은 점을 찾는 것! 비생산적인 갈등을 예방하는 백신이다.

그럼에도 도무지 함께 일할 수 없는 사람이 있다고 말하는 경우도 있다. 사사건건 까다롭게 구는 사람, 업무 협조는커녕 부정적으로 딴지만 거는 사람, 남에게 자기 일을 슬쩍 미루는 사람, 게으름 피우는 사람, 고집 센 사람, 나름대로 이유 있고 명분 있게 보기 싫고 함께 일하기 힘든 사람은 어느 직장에나 있다.

원래의 성격으로 인해 생기는 문제로는 갈등이 쉽게 해결되기 힘들다. 하지만 그런 동료에게도 친구는 있다. 문제적 성격을 보인다 해도 일대일의 친밀한 인간관계가 형성될 때는 그 모난 성격이 크게 완화되거나 상대방이 컨트롤할 수 있게 된다. 갈등이 덜 생기거나 갈등이 생겨도 친밀해지기 이전보다 빨리 해결된다. 친하다는 것은 내 뜻대로만 할 수 없고 상대를 배려해야 하는 일이기 때문이다. 자연스럽게 상대의 의견에 귀를 기울이고 상대방을 생각하게 된다. 그러면 자연스럽게 갈등관계가 없어진다. 주변을 둘러봐도 성격이 온순하고 상대방을 잘 배려하는 동료는 갈등을 일으키지 않는 경우가 많다.

동료와 갈등을 풀지 못하는 것은 작은 부분에서 시작되는 경우가 있다. 서로 충분히 대화만 했어도 해결할 수 있었던 문제가 자존심 싸움이 되어 커지면 나중에는 회복하기 더 어려워진다. 그전에 상대방 마음의 문을 여는 최고의 길은 내가 먼저 마음을 여는 방법밖에 없다. 생각해보라. 상대가 먼저 마음을 열고 손을 내밀면 그것을 거절하기는 쉽지 않다. 다만 자존심이 먼저 손을 내미는 것을 쉽게 허락하지 않을 뿐.

상대가 나를 진심으로 배려하고 있음을 느끼는 순간 누구나 마음은 움직이게 되어 있다. 누구나 칭찬과 감사를 갈망한다. 진심으로 상대의 장점과 성취를 찾아서 칭찬하면 대화를 즐겁게 이어갈 수 있다. 남을 비난하고 못마땅해하는 대신 칭찬과 감사를 표하자. 갈등이나 오해, 엉킨 커뮤니케이션의 답답함이 어느덧 술술 풀릴 것이다.

애증의 회식자리에 슬기롭게 나를 던져라

우리나라 조직생활의 경우, 특히 회식 문화가 강하기 때문에 그에 관한 에피소드들도 꽤 많다. 물론 어떤 사람들은 '회식 없는 직장생활은 앙꼬 없는 찐빵'이자 '회식은 직장생활의 유일한 낙'이라며, 공식 업무가 끝나자마자 들떠 회식 자리로 달려간다. 반면 어떤 사람들은 만날 그 밥에 그 술, 그 소리가 그 소리인 회식이 지겹다. 마지못해 따라간 뒤 기회를 틈타 재빨리 자리를 뜰 기회만 노리는가 하면, 이런저런 핑계를 대며 아예 참석하지 않으려는 경우도 있다. "아니, 일만 잘하면 됐지, 업무와 상관도 없는데 꼭 먹고 마시며 취해서 한 소리 또 하고 한 소리 또 하는 자리까지 의무적으로 가야 돼?"

그런데 정말 그럴까? 정말 회식은 술 마시고 놀기 좋아하는 사람들만 상관있고, 그런 취미가 없는 사람에겐 불필요한 일일까? 그렇지 않다. 회식을 '업무의 연장' 이라고 말하면 좀 진부하다 하겠지만, 사실 회식 자리에서만큼 업무에 대한 피드백이 활발한 경우도 드물다. 회식 자리에선 공식적인 자리에서 하기 어려웠던 말들이 허심탄회하게 오간다.

또 우리나라 직장문화의 경우 조직이나 공동체의 인간적인 유대를 중시하고 그 개인적 유대와 소통이 공적 업무에서도 영향을 많이 미친다. 그래서 회사 밖에서 밥정, 술정으로 고운 정이든 미운 정이든 더 많은 정을 쌓는 것이 중요하다. 실질적인 유대, 사적이고 개인적인 유대와 소통은 회식에서 이루어지는 경우가 많다.

같이 밥 먹고 술잔을 기울이며 우리는 서로에 대해 시시콜콜한 관심을 갖게 되고 저절로 알게 된다. 낮에 회사에서 일할 때는 느낄 수 없었던 동료에 대한 마음, 서로 연결되어 있다는 끈끈한 동지의식이 자기도 모르게 싹튼다. 그리고 회사와 동료들에 대한 숱한 정보들이 오가고, 업무와 직장에 대한 서로의 생각과 태도를 이해하게 된다. 그래서 회식에 자주 빠지는 사람들, 밥만 먹고 사라지는 사람들은 회사 돌아가는 사정에 밝을 수가 없다. 한두 번 회식에 빠지는 일이 반복되다 보면 조직에서 외톨이가 되어갈 수밖에 없다.

요즘은 드물다지만 그래도 여전히 3차, 4차까지 가는 회식의 괴로움이 없는 건 아니다. 이쯤 되면 '시간의 질'에 대해서는 한번쯤 고민해야 한다. 비교적 짧은 시간을 참석하면서 그 시간에 온전히 집중해 경험과 정서를 나누고 공통의 화젯거리를 제공하려는 자세가 중요하다. 서로 끈끈한 유대관계를 이어가는 고품질의 시간을 가졌다면 시간의 양적 부족함은 극복할 수 있다. 아무리 먹고 마시며 시시덕거리는 자리처럼 보이고, 몸이 피곤하고 할 일이 쌓여 있어도 회식에 참여해야 한다. 그래야 동료와 함께 나눌 이야기가 생기고 동료의식과 유대감이 돈독해진다.

그 가운데 상사가 아무리 편하게 해준다고 해도 조심해야 할 말이 있다. 회사 비판, 동료나 타인에 대한 험담, 사내 애정 문제나 인사 문제 등은 말하지 않는다. 상식적인 상사라면 이런 부하를 신뢰하기 어렵다. 회식을 주관하는 상사 역시 배려 코드를 잃지 않아야 부하들이 회식에 즐겁게 참여한다.

요즘은 아랫사람이 더 무섭다. 부하들 앞이라고 마음 놓고 술을 마시다가 자칫 부하들의 신망도 잃을뿐더러 구설수에 휘말리기 십상이다. 가장 좋은 건 아무리 부하들이 권해도 2차 중간쯤에서 깔끔하게 자리를 털고 일어나는 것이다.

정 회식에 참석할 수 없는 중요한 이유가 있다면 거기에도 예의가 있어야 한다. 아예 회식 자리에 나타나지도 않거나 1차부터 대놓고 벌떡 일어나거나 쓰윽 사라지면 곤란하다. 먼저 1차는 정직하게 참석하고, 2차는 사람들이 얼마나 취했느냐를 보면서 자리를 옮기는 과정에서 퇴청하면 된다. 이때 친한 동료나 가장 이해심 많고 편한 선배에게 살짝 인사하고 자리를 뜨면 된다.

요즘은 회식의 119라고 하여 1가지 술로 1차만 하고 9시 이전에 회식 자리를 끝내는 회사들도 많다.

어떤 모임이 꼭 유익해야 한다는 생각, 혹은 재미있거나 시간적 가치가 있어야 한다는 생각을 놓아보자. 삶에 한결 여유가 생기고, 나와 다른 사람에 대해 너그러워지며, 가까이 있는 사람의 진면목을 볼 기회도 생긴다. 술도 한 잔 들어가고 적당히 긴장이 풀리면 사람들은 평소 듣기 어려운 자신의 스토리도 곧잘 말한다. 삶의 애환이 묻어나는 이야기를 나누다 보면 어렵지 않게 끈끈한 동료애는 다져진다. 이 이유 때문에라도 이 시간을 놓쳐서는 안 된다. 잘 몰랐던 한 사람과 이런 소통이 시작될 때 어떤 모임이든 형식과 내용이 전부가 아니라는 것을 알게 된다. 그러면서 회식을 조금 더 입체적으로 한 단계 성숙한 자세로 받아들이게 될 것이다.

좋은 이미지 10퍼센트 UP 실천법

이미지는 타인과 나의 차이를 보여주는 1퍼센트의 경쟁력이다. 직장인에게 업무와 직급에 어울리는 자기만의 고유한 이미지를 갖는 일은 능력과 실력을 키우는 것만큼 중요하다. 아무리 능력이 뛰어나도 그에 맞는 좋은 이미지가 없다면 자신의 능력을 실제보다 과소평가 받을 수 있기 때문이다. 평소 무심하게 지나칠 수 있는 사소한 부분에 대한 이미지 관리나 인상의 변화를 위한 연습을 꾸준히 해야 한다.

외모에 주눅 들지 말고 인상을 관리하자

어쩌다 엄마 등에 업히거나 품에 안긴 아기들이 자신과 눈만 마주쳐도 울어버린다는 직장인 L씨. 왜 아기들이 우는지 모르겠다고 하자, 오랜 친구들은 "넌 거울도 안 보냐?" 하더란다. 좀 우락부락 생겼지만 '나쁜 놈' 같은 인상은 아니라 생각했는데, 거울을 한참 들여다보니 어느새 우락부락한 얼굴 곳곳에 깊게 자리 잡은 표정주름이 보였다. 나쁜 놈, 무서운 놈처럼 보이기 쉬운 인상에 가까워졌다. 화를 내거나 불만이 가득할 때 생기는 주름. 평소 무슨 안 좋은 일 있느냐 물어오던 동료들도 생각났다.

L씨는 충격에서 벗어나 이제부터 노력하기로 결심했다. 부드럽고 밝은 표정이 하루아침에 만들어지는 것은 아니겠지만, 먼저 모든 일을 긍정적으로 생각하고 한동안은 의식적으로 표정관리를 할 생각이다. 남들 말에 무덤덤한 무표정으로 일관했던 것에서 벗어나 좀 더 밝게 반응하고 더 많이 웃고 남에게 칭찬도 하면서 계속 표정에 신경 쓰다 보면 인상도 달라지리라 믿고 있다.

상대방을 높이는 대화의 황금비율을 지키자

상사의 지시에 말끝마다 "네, 네"라고 답하는 J. 옆에 앉은 M은 그 소리가 듣기 싫어 귀를 막고 싶을 때가 한두 번이 아니다. J가 미운 건 상사하고 대화할 땐 저렇게 굽신대며 죽는 시늉이라도 할 것처럼 굴다가도 정작 동료나 후배가 말하면 건성으로 듣기 때문이다. 때로는 업무적으로 중요한 대화도 잘 놓치기 일쑤여서 동료들에게 핀잔을 들으면서도 쉽게 고치지 못한다. 대화에는 '123' 법칙이 있다. 상대와 대화할 때는 1번 말하고, 2번 들어주고, 3번 맞장구치기가 그것이다. 대화의 주체를 상대방으로 만들어주는 말하기 황금비율이다. 말을 아끼고 상대의 말을 잘 들어준다면 상대는 마음의 문을 더 크게 열고 당신과 기분 좋게 대화할 것이다.

긍정적인 공통점을 찾아보자

신입사원 C는 최근 기분이 좋다. 어렵게만 느껴지던 선배 N이 하루는 점심을 먹으며 "축구 좋아하냐?" 하고 물어왔는데, 알고 보니 N선배도 자신과 같은 프리미어리그 한 팀의 팬이었기 때문이다. 어쩌다 밤늦게 생중계를 보고 출근하면 꽤 피곤한데, 선배는 그 마음을 잘 알아준다. C는 N선배 말이라면 아무리 피곤해도 들어주고 싶다. 자신으로 인해 N선배가 욕을 먹거나 하면 안 된다는 생각에 더 긴장하고 잘하려는 마음도 든다.

사람은 자신과 우호적인 관계를 가지고 있는 사람에게 쉽게 설득되는 경향이 있다. 그러한 관계를 돈독하게 맺기 위해서는 우선 상대방과 나의 공통점을 발견하고 그에 대해 칭찬하는 것이 효과적이다. 예를 들어 나이가 비슷한 동년배라든지, 고향이 같다든지, 취미가 비슷하다든지, 또는 응원하고 있는 축구팀이 같다든지 하는 공통점이 있다면 그러한 부분에서 동질감을 찾고 부드럽고 즐거운 대화가 많아진다. 그러다 보면 잘 안 풀릴 것 같은 문제도 그 대화 끝에 좀 더 수월하게 풀어나갈 수 있다.

희소성 있는 맞춤 정보를 주자

직장인 H씨는 항공사에서 티켓예약 업무를 담당하는 친구가 있다. 며칠 전 파격적인 할인 항공권이 있다는 소식을 들은 H는 그 지역에 유학 간 자녀를 둔 기러기아빠인 선배에게 조용히 이 정보를 알렸다. 지난달 아이들이 보고 싶어 곧 한번 다녀올 시간을 낼 참이라고 말한 것을 잊지 않고 있었기 때문이다. 선배는 항공권을 예약했고 H에게 무척 고마워했다.

일반적으로 사람들은 자신이 가지지 않는 것을 원하는 경향이 있으므로 비공개적이고 다른 사람들이 가지지 못한 정보에 약하다. 많이 알려지지 않아서 다른 사람들이 가지지 못한 정보를 제공하는 방법은 좋은 인상을 넘어서서 좋은 사람, 필요한 사람으로 인식시킬 수 있는 가장 이상적인 방법이다. 그러기 위해선 끊임없이 자기 자신이 그런 정보를 찾는 데 부지런해야 한다. 책이나 신문, 각종 미디어를 통해서 경제나 시사, 생활 등에 관한 정보를 많이 찾고 그것을 필요로 하는 사람과 연결시킬 수 있어야 한다.

기분 좋은 유머를 구사하자

외향적이고 활동적인 P씨는 얼마 전 조직개편 과정에서 새로운 프로젝트 팀장이 되었다. 그런데 새로운 팀은 다들 진지하고 조용하고 차분한 사람들뿐이다. 농담도 잘 안 하고 잘 웃지도 않는다. P씨는 실없는 소리 하는 팀장이라는 소리를 들을까 봐 며칠간은 조심조심 탐색만 하다가 급기야 참지 못하고 유머 본능을 드러냈다. 그런데 의외다. 팀원들은 웃으며 일하는 활기를 기다린 듯 크게 고무되어 대화가 부쩍 많아졌다.

상사의 유머는 활기는 물론 업무능력을 높여주는 약이 된다. 진정한 유머는 기본적으로 사람에 대한 진심 어린 애정과 존중이 있어야 한다. 억지로 웃기려 하지 말고 따뜻하고 여유 있는 마음을 전하면 기분 좋게 웃는다. 살짝 품격 있는 유머를 위해서는 따로 노력할 필요도 있다. 관심 분야가 다양할수록 고품격의 유머가 나올 수 있다. 또 꾸지람, 직언, 비판, 충고 등을 할 때도 유머를 잘 활용하면 상대를 불쾌하게 하지 않으면서 효과적으로 자신의 생각을 전달할 수 있다.

취향을 반영하지 말고 신뢰감을 반영하자

청순한 소녀 스타일의 옷차림을 좋아하는 직장 여성 S씨. 그래서 그녀의 옷차림은 단 한군데라도 프릴이나 레이스, 리본이 있기 마련이다. 하루는 같은 여자 직장 선배에게 한마디 들었다. "S씨! 요즘 젊은 남자들은 의존적인 소녀 취향 별로 안 좋아한대."

단정한 용모와 복장은 사회생활에서 자기 이미지를 만들어가는 데 중요한 요소다. 직장인의 옷차림은 신뢰감을 주어야 한다. 취향을 반영한 옷차림이 때로 위험한 건 아름다움과 신뢰는 상충되는 경우가 많기 때문이다. 누가 봐도 '저런 복장으로 일이 될까?'라는 의구심을 들게 해선 안 된다. '일하는 사람의 옷차림' 에 적합해야 한다. 단정하고 깔끔한 이미지, 생기 있고 밝은 느낌이면 90점 이상이다.

Action talk

Q & A 일보다 사람이 힘들게 합니다

"상사 앞에선 성인군자 내 앞에선 폭군, 이 선배를 어찌 할까요?"

Q. 저는 직장생활 5년차 대리입니다. 제 상사인 부장님은 단점이 있지만, 누구나 그런 단점은 다 가지고 있는 거라 보통 사람들에 비해서 상사 스트레스는 적은 편입니다. 그런데 문제는 저와 많은 일을 같이 해야 하는 선배입니다. 다른 부서에서 온 지 얼마 안 된 선배인데 악명이 자자합니다. 군대, 남성 문화가 팽배한 우리 회사에서 나쁜 것만 배운 사람이죠. 부장님도 안 그러는데 벌써부터 후배들에게 군림하려 들고 뭐든 선배인 자기 말을 따르라는 식입니다. 평소엔 '나이는 고스톱해서 딴 줄 아느냐?'며 나이로 위세를 부리지 않나, 심지어 자기 기분 사나울 때는 별 걸 다 트집 잡으며 인격적으로 공격하기도 합니다. 그러면서도 상사 앞에선 성인군자 따로 없는 것처럼 굴고, 그보다 더 충성스러울 수 없는 부하가 됩니다. 앞으로 어떻게 같이 일할지 눈앞이 캄캄합니다.

A. 독선적이고 권력지향적인 정치인(?)을 만나셨군요. 이런 사람은 자신의 공격성을 높게 평가해주는 회사 분위기에서 일을 배워왔기 때문에, 자신의 그런 권위적이고 강압적인 태도가 업무 효율을 높인다고 믿고 있죠. 남이 상처를 입는 일에 대해선 개의치 않습니다. 뭘 해도 성과만 좋으면 장땡이라는 식이죠.

그런데 이런 사람이 좋아하는 유형이 있어요. 자기가 그렇게 행동할 때 당황하거나 위축되는 사람들입니다. 무슨 먹잇감을 본 맹수처럼 자극을 받습니다. 이런 경우 보통 사람의 반응은 정면에서 분노와 울분을 맞받아치거나, 반대로 무서워서 자기 안위를 지키기 위해 뒷모습을 보이는 두 가지 유형이 있습니다. 그런데 둘 다 좋지 않습니다. 예상을 깨는 반전만이 살 길입니다. 어떻게? 그를 만나기 전 평화롭고 중립적인 감정 상태에서 한 뼘도 물러서지 않는 거죠. 분노를 터뜨리지도 말고 무릎을 꿇지도, 상대를 무릎 꿇리려고도 하지 마세요. 일 욕심을 부리느라 무리한 업무 압박을 한다고 해도 겁먹지 말고 의연한 자세를 연기로라도 유지해야 합니다. 일을 그렇게 초스피드로 끝낼 수 없는 이유를 조목조목 근거를 준비해서 흔들리지 않고 표현해야 합니다.

선배의 말을 직접 거스르지 않으면서도 '내 생각'을 알리는 표현 방식을 빨리 찾으세요. 만만하게 보여서는 안 됩니다. 어려우면 처음엔 연기라도 해야 합니다. 아무리 젊은 혈기가 들끓어 참을 수 없다고 해도 절대 맞짱 뜨는 비극을 만들어서는 안 됩니다. 거의 99퍼센트 나만 다치는 게임에 말려드는 일입니다. 그는 선수니까요. 내 마음이 흥분하지 않는 훈련을 하고 맹수를 관찰하는 조련사 같은 심정으로 상대를 관찰하며 또박또박 내 의견을 피력하며 차분하고 예의를 지키며 일을 진행해 가십시오. 아마 다른 사람에겐 여전해도 나에게만큼은 함부로 못할 시간이 곧 올 것입니다.

"동료의 지적질에 화가 치밀어요!"

Q 상사가 꾸중하면 그래도 '상사니까' 들을 수 있습니다. 근데 옆자리 동료가 자기 딴엔 바른 소리 한다고 하는 말이 말마다 뼈가 있고 가시가 있네요. 저도 제 문제는 잘 알고 있어요. 노력 중입니다. 근데 동료까지 나서서 "나니까 이런 이야기 해준다"라며 같은 지적을 하면 화가 치밀어요. 너는 가만히 있는 게 도와주는 거니까 조용하라고 소리치고 싶어요.

A 그래도 맘에서만 그러시고 절대 소리는 지르지 마세요. 대신 조용하고 차분한 목소리로 "나도 내 문제 잘 안다. 고치려고 노력 중인데 힘이 든다. 그래서 당신 의도와 다르게 나한텐 아픈 지적질처럼 느껴진다"고 명확히 말해주세요. 한번쯤 차분하게 정색하면서 이렇게 못 박지 않으면 계속 그럴 겁니다. 그리고 그 다음은 자신의 문제를 정면으로 바라보며 여러 사람의 충고를 찬찬히 다시 되새겨보세요. 듣기 싫었던 동료들의 충고와 조언, 위로를 고깝게만 보지 마시고 자기 안으로 받아들인다면 문제를 고치기가 훨씬 수월할 거예요. 모든 감정의 문제는 내가 어떻게 받아들이냐에 따라 결과가 달라진다는 점을 기억하시기 바랍니다.

"나보다 어린 상사의 비위 맞추기 싫어요."

Q 저는 회사에서 1년의 인턴생활을 하다 입사한 3년차 직장인입니다. 그런데 제가 정식직원으로 입사한 시기에 맞춰 경력직으로 입사한 선배가 제 상사가 되었습니다. 그런데 그 상사의 나이가 저보다 두 살이 아래더군요. 내내 회사에서 나이 많은 상사들만 대했던 전 어린 선배가 이것저것 잔심부름까지 꼬박꼬박 시킬 때마다 기분이 별로였어요. 그러다 한번은 너무 화가 나서 지시한 일을 바쁘다며 못하겠다고 했습니다. 그러다 보니 지금은 선배와의 사이가 매우 껄끄러워진 게 사실이에요. 하지만 회사 생활은 잘 유지해야 하니 뭔가 대책이 필요해요. 나보다 어린 선배, 어떻게 대해야 할까요?

A 나보다 어린 상사와 고분고분하게 잘 지내는 것이 마치 내 무능력을 드러내는 것 같은 생각이 들지 모릅니다. 하지만 요즘 유능한 직장인이라면 좀 다르게 생각합니다. 비전을 제시하고 업무 능력만 있으면 나이는 관계없다는 쪽으로 생각을 정리하는 사람이 늘고 있지요. 경제 위기를 타개하고 어려움을 극복하려면 나이와 관계없이 능력 있는 상사 밑에 있어야 좋다고 생각하는 경향이 뚜렷해졌기 때문이죠.
나이 어린 상사에게 맞추는 게 감정적으로 내키지 않겠지만 빨리 현실을 받아들이고 원만한 관계를 가지려는 방법을 찾는 것이 프로의 자세입니다. 상사에게 당신이 힘이 될 수 있다는 점을 어필하세요. 그러는 편이 오히려 상사가 나를 함부로 보게 하지 않는 방법입니다. 때때로 믿고 의지하게 만들어야 합니다. 현대 사회에서 나이나 직급보다 중요한 건 '존중'입니다. 자존심을 세우기보다 한 걸음 뒤로 물러서서 공적이고 객관적인 관점에서 자기 자리를 재정비해야 합니다. 서로 불편할 수밖에 없는 관계를 인정하고, 공적인 문제에 사적인 감정을 개입시키는 일을 최소화하고, 합리적으로 일 처리를 해나간다면 좋은 관계를 형성할 수 있을 것입니다.

Chapter 4

통하는 사람의 대화법

Chapter 4

통하는 사람의 대화법

내 입으로 허무는 경계의 벽

어떤 노부부가 있었다. 평생을 함께 살아온 이 부부는 인생의 끝자락에서 황혼 여행을 떠났다. 기차에서 아내는 주전부리로 챙겨온 오징어의 몸통을 먹기 좋게 잘라 남편에게 주고 자신은 다리를 먹었다. 그런데 아내가 화장실을 가느라 잠시 자리를 비운 사이 남편은 오징어 다리를 먹었다. 자리로 돌아온 아내가 "아니 영감, 왜 다리를 먹어요? 맛있는 몸통 놔두고선?" 하고 말하자, 남편은 "난 원래 다리를 더 좋아해. 당신이 몸통을 주기에 다리를 당신한테 양보했던 거지"라고 말했다. 그러자 아내는 다시 말했다. "아이고, 그래요? 나는 몸통이 더 맛있는데도 영감 생각해서 몸통을 준 건데……."

이 이야기는 두 가지 메시지를 전한다. 먼저 평생 자기가 좋아하는 것을 배우자에게 양보하려고 했던 따뜻한 부부애다. 하지만 더 중요한 메시지는, 좋아하는 것을 일찍 솔직하게 말했다면 평생 자기가 좋아하는 걸 먹으면서 두 사람 모두 즐거울 수 있었다는 것이다.

오징어의 몸통을 먹느냐 다리를 먹느냐가 인생 전체에 무슨 큰일이냐고 생각할 수도 있다. 하지만 이것은 단순히 오징어 하나의 문제가 아니다. 직장에서도 서로 말하지 않으면 평생 모를 수도 있는 일들이 우리들 사이에는 많기 때문이다.

자기 입으로 쑥스럽게 말하지 않고도 그냥 남이 저절로 알아주었으면 하는 때가 있다. 가까운 사람일수록 더 그렇다. 특히 부부 사이에는 '몇십 년을 같이 살았는데 그런 걸 꼭 말로 해야 돼?'하면서 부부싸움이 시작된다. 가까운 사이기 때문에 당연히 알아주려니 했는데 그렇지 못하면 실망감이 더 커지며 화가 난다.

입은 밥 먹는 것만큼 '말하기' 위해서도 중요하다. 원하는 것을 말하는 것은 이기적인 것이 아니라 서로의 욕구를 정확히 알기 위해서 꼭 필요하다. 불필요한 오해와 갈등은 말할 때보다도 말하지 않고 알아주려니 할 때, 말해봐야 안 통할 것이라고 속단하며 말하는 것을 포기할 때 더 커진다. 내가 원하는 것을 말하고 상대가 원하는 바를 귀 기울여 듣자. 의외로 생각한 바가 일치해서 즐거울 수 있고, 서로 다른 의견은 대화를 통해 내가 생각했던 것보다 더 좋은 방법을 도출할 수 있다.

일단 무엇이든 말함으로써 서로의 마음을 알게 되었다면 믿음을 주는 사람이 되어야 한다. 방송인이자 피아니스트인 노영심이 다른 한 명의 피아니스트와 서로 다른 두 대의 피아노로 재즈 스타일의 곡을 연주한 적이 있다. 서로 다른 두 사람의 연주는 한참을 듣다 보면 마치 대화하는 것처럼 들린다. 한 사람이 건반으로 경쾌하고 수다스럽게 말하면, 다른 사람은 묵직하고 은근한 연주로 대꾸한다. 서로 놀고 웃고 떠들며 즐거운 한때를 보내는 것 같은 아름다운 조화는 정형화된 연주곡에서는 들을 수 없는 즉흥적 매력이 한껏 살아 있다.

재즈는 이렇게 연주자가 스스로 '알아서' 연주한다. '알아서' 한다고 '아무렇게나' 하는 것은 아니지만, 원칙을 벗어나지 않는 범위 내에서 최대한의 자율성을 갖는다. 두 사람 이상이 서는 무대의 재즈 연주자들은 시종일관 긴밀한 눈빛으로 소통하고 호흡하는 것을 볼 수 있다. 그래서 한 사람이 예상하지 못한 멜로디나 템포로 연주해도 당황하지 않고, 즉시 자율적으로 반응해 그에 맞는 연주를 맞추어 나가는 게 재즈 즉흥 연주의 묘미다.

이런 훌륭한 재즈 연주는 상대 연주자에 대한 무한 신뢰가 있어야 한다. 자신이 혹시 실수를 하더라도 다른 연주자가 도와줄 것이라는 그런 믿음이 바탕이 될 때 자기 기량을 마음껏 펼치며 음악을 즐길 수 있게 된다. 서로에 대한 믿음이 있기 때문에 '알아서'한다 해도 연주를 망치지 않고 멋진 선율을 선보일 수 있는 것이다.

불황이거나 경제 환경이 좋지 않을 땐 기업이나 사업체가 모이거나 흩어지게 된다. 그러다 보니 서로 다른 조직문화에 익숙했던 사람들이 같은 시간, 한 공간에서 일하는 경우가 생긴다. 이럴 때 소통에 어려움을 겪는 경우가 많다. 불필요한 오해나 갈등도 생기고, 작은 일에서도 신경이 예민해지며, 업무에 집중할 수 없게 된다.

하지만 자신을 믿어주는 누군가가 있으면 잘해야겠다는 책임감은 저절로 생긴다. 이것은 개인이 보여줄 수 있는 리더십이며, 이심전심으로

가는 또 하나의 지름길이다. 서로 잘 모르는 사이라도 꼭 그 사람과 한 조직 안에서 어떤 일을 해내야 하는 상황이라면, 까칠하게 탐색하고 대립하기보다는 일단 믿어주며 일해보라. "믿는다" "믿음직해 보인다" "잘할 수 있을 것 같은 예감이 드는 분이다" "얼굴을 뵈니 이상하게 마음이 든든하다"와 같은 말을 서로 나눈다면 언제든지 그 믿음은 좋은 성과로 나타날 것이다.

작고 사소한 것을 무시하면

출근 시간에 어깨를 부딪치고도 '미안하다'는 말 한마디 없는 사람, 엘리베이터에서 '열림' 버튼을 누르고 기다려줘도 눈인사조차 하지 않는 사람……. 이런 사람을 만나면 하루 업무를 시작하기도 전에 기분이 상한다.

하루 이틀 일한 사이는 아니지만 같은 사무실에서 일하는 동료도 스트레스일 때가 많다. 한 번도 점심식사를 '쏜다'고 나선 적이 없으면서 식후 커피조차 산 적이 없는 사람, 항상 당신에게 "동전 있어?"라고 묻고는 혼자 자판기 음료수를 뽑아 마시는 사람, 휴지나 사무용 서류철, 펜에 이르기까지 개인용품을 직접 사오거나 가져오는 경우가 없는 사람, 그래서 무조건 근처 동료의 책상에서 가져와 자신의 것처럼 사용하는 사람……. 열거하면 제법 많다.

타인을 배려하는 마음이 없거나 상대의 생각을 읽지 못해 자기중심적인 사고를 하는 사람도 있다. 다섯 살짜리 유치원생 이야기가 아니다. 다른 사람과 쓸데없이 마찰과 갈등을 일으키고, 상대의 기분을 상하게 하는 말만 골라 하는 사람도 있다. 친하게 지내는 사람한테 슬쩍 자기 일을 떠넘기고 한 시간씩 자리를 비워 계속 전화를 당겨 받게 하거나, 자기 담당 업무가 아니면 간단한 일도 안 하려는 사람, 누구나 다 알 수 있는 그래서 남들과 공유해도 상관없는 정보를 보물처럼 여기며 빈정상하게 하는 사람도 있다. "내 책상 위에 있던데요"라며 상습적으로 말없이 남의 물건을 가져다 쓰는 사람도 얄밉다. "좀 빌려 썼고 곧 가져다 놓으려고 했다"는 상투적인 거짓말이 더 화나게 한다.

그런 사람들은 "그 정도가 뭐 어때서? 사소한 것 가지고 피곤하네!" 하고 말할지도 모른다. 하지만 작게 보이는 이런 문제에 좀스러워지는 것 같아 쉽게 말하지 못하고 스트레스만 받다 나중엔 그 사람이 하는 일 모두가 꼴 보기 싫어지는 경우도 있다. 의외로 이런 개념 없는 사소한 행동들이 큰 장점을 삼켜버린다.

반면 이런 경우도 있다. 평소 의식하지 못하는 무표정, 무반응, 무관심한 태도를 평소의 습관으로 돌리는 사람 말이다. 자신의 이런 태도 때문에 동료들이 불편해하고 눈치를 보고 심지어 기분 나쁠 때도 있는데, 고칠 생각도 않고 "난 원래 성격이 이래"라는 한마디로 끝내는 경우다. 이보다 더 꼴불견은 좋아하는 사람에게는 리액션이 화려하지만, 관심 없거나 싫어하는 사람에겐 노골적으로 '대꾸하기 싫다'는 표정으로 입술도 달싹이기 싫어하는 사람이다. 사람에 따라 어법이나 대접이 달라지는 건 그 사람의 성숙하지 못한 인격을 노골적으로 드러내는 것이다.

부모님 생신이라 모처럼 온 가족이 고급 레스토랑에 갔다고 치자. 그런데 세련되고 고급스러운 실내 분위기와 달리 종업원들의 태도에서 정중함이나 공손함을 찾을 수 없다면? 종업원들이 손님을 응대할 때 무표정하고 반응이 느리다면? 괜찮은 레스토랑이라고 부모님까지 모시고 갔는데, 종업원들이 이런 식으로 반응한다면 난감하고 화가 나서 다시는 그 식당을 찾지 않게 될 것이다.

나이와 관계없이 감성이나 정신의 노화를 알 수 있는 건 의욕이 없는 무기력한 상태, 무슨 일에도 관심 없는 심드렁한 상태, 어떤 일에도 감동받지 않는 덤덤한 상태 이렇게 세 가지 상태일 때다. 당신이 노화하는 게 아니고, 또 노화하는 게 싫다면 관계에 대한 온기를 되찾아야 한다.

사람은 남들로부터 대접받고 싶고, 인정받고 싶은 욕구가 있다. 내가 크게 대접받고 싶으면, 상대를 그만큼 크게 대접하면 된다. 내 이야기를 관심 있게 들어주고 호응해주길 바란다면, 내가 타인의 말에 그렇게 반응해야 한다. 내가 상대방을 중요한 사람으로 생각하고 있다는 느낌을 가질 수 있게 하는 것이다.

예능 프로그램을 보면 긍정적인 리액션을 잘하는 출연자들 때문에 더 재미있다. 리액션 때문에 비호감이었던 연예인이 급호감으로 바뀌기도 한다. 내가 상대방을 소중하게 대하면 대할수록 그 사람도 나에게 더 호의적인 태도를 보여준다. 아무리 나쁜 사람이라도 이 법칙은 100퍼센트 통한다. 늘 박수와 칭찬을 아끼지 말고 이름과 직함을 자주 불러주며 표정 하나하나에까지 최대한 관심을 보여주자.

남의 말을 자르거나 자리를 뜨지 않는다고 해서 '경청한다'고 할 수 없다. '적극적 경청'은 말하는 사람에게 주의를 집중하고 공감해주는 것이다. 상대방과 눈을 맞추고 고개를 끄덕이며 '당신이 하는 말은 한마디도 놓치지 않겠다'는 느낌이 전해지도록 집중해서 들어야 한다. 그러면 상대의 속뜻을 정확히 파악하게 되고, 그를 이해하는 데 큰 도움이 된다.

자신의 관념에 사로잡혀 자기 입장을 고수한 채로 상대의 이야기를 듣다 보면 왜곡되고 오해하기 십상이다. 자신의 생각을 내려놓고 끝까지 듣는 것이 진정한 경청이다. '말의 홍수' 속에서 이심전심의 희열을 좀처럼 느끼기 어려운 요즘, 진정한 소통은 말에 있는 게 아니라 상대방의 마음을 헤아리려는 노력 속에 있음을 기억해야 한다.

사랑받는 말은 따로 있다

어린이들의 대통령이라는 뽀로로가 탄생하기 전, 그에 못지않은 인기를 누리던 '둘리'. 수십 년간 어린이뿐 아니라 성인들로부터도 큰 사랑을 받은 이 아기공룡 이야기에 빠질 수 없는 인물은 바로 둘리가 사는 집 주인 '고길동'이다. 그런데 한 어린이가 "매일 고길동 아저씨에게 괴롭힘 당하는 둘리가 불쌍하다"고 둘리의 작가 김수정 화백에게 말하자, 김 화백이 "니가 고길동 아저씨가 불쌍하다 느낄 때쯤이면, 넌 다 큰 거란다"라고 대답했다고 한다. 우리나라 직장인 혹은 가장의 현실적인 모습이 많이 투영되었던 고길동의 캐릭터를 아는 사람이라면 고개를 끄덕일 대답이다.

직장에서 이리 치이고 저리 치이는 직장인들. 가장 위로가 되는 사람은 내게 힘을 주는 사람일 것이다. 뭔가 저 사람하고 일하거나 말하면 기분 좋아지는 사람. 그러면서도 든든하게 느껴지는 사람이다. 그냥 믿음직하고 저 사람 말이라면 믿고 싶어지는, 설령 그 사람 말대로 되지 않았다고 해도 타박하고 싶지 않은 그런 사람이다. 월요병 때문에 천근만근인 몸을 이끌고 겨우 출근했는데, 그 동료를 보면 또 '그래, 한 주 또 열심히 살아보자' 하는 마음이 생기게 해주는 그런 사람이다.

때로 드링크제를 사다 안겨주어서 그런 것만은 아닐 것이다. 나 대신 업무를 처리해준 일이 있어서 그런 것만은 아닐 것이다. 밥값을 연거푸 두 번이나 내준 적이 있어서 그런 것만은 아닐 것이다. 그들은 마음이 따뜻해지는 스타일로 말한다. 떠들썩하고 호들갑스러운 멘트는 할 줄 모르지만 어린 후배에게 '하지 마' 같은 지시나 명령조로 말하지 않는다. 대부분 '~하는 게 어때?' 하고 상대의 의견을 묻는다. 선배들에게도 '하지만 그건 아니에요'라고 말하지 않는다. '그거 참 좋네요. 그런데 제 생각은 이래요'라며 조근조근 말한다.

또한 말을 TPO, 즉 시간과 장소, 상황에 맞게 잘 말한다. 말하기에서 시간, 장소, 상황을 고려하는 일은 옷 입기의 TPO만큼이나 중요하다. 회사에서 오랜만에 야유회를 가는데, 자기 혼자 평소보다 잘 차려입은 정장에 하이힐을 신은 여직원의 모습이 예뻐 보이지 않는 것처럼 말도 때와 장소와 상황에 맞게 해야 눈치 없다는 소리를 듣지 않는다. 하나의 승진 자리를 놓고 동기인 두 선배가 은근히 치열했던 것을 아는 사람은 다 아는데, 눈치 없는 후배는 낙마한 선배를 근거리에 두고도 승진한 선배를 찬양하는 말을 한다면? 진짜 몰라서 실수하는 건 용서받아도, 악의가 없다 해도 눈치 없이 구는 사람은 환영받지 못한다.

상황 돌아가는 것에 무지한 채 계속 좌우충돌 사건만 만드는 민폐 캐릭터도 모두의 근심이다. 아주 해맑은 표정으로 "아, 어떡하죠? 그러려고 그런 게 아니었어요." 하면 끝. 이런 민폐 캐릭터는 생각을 깊이 하지 않거나 남에 대한 배려심이 부족하거나 자기 생각에만 빠져 있는 사람들이기 쉽다. 아직 모두 조심스러워하는 어떤 말을 "알 사람 다 아는데 뭐 어떠냐"며 떠벌인다거나, 모든 상황이 종료됐는데 뒷북치며 정신 빼는 사람, 일이 크게 잘못된 원인을 제공해놓고도 당장 눈앞에 벌어진 현상만 보고 되레 큰소리치는 사람 등등 상황에 따른 사례는 정말 많다.

눈치 있게 말하려면 상황을 잘 관찰해야 하고, 그와 관련된 사람들의 심리도 읽으려고 노력해야 한다. 아무리 상사가 자신과 동기라서 친하게 지낸다고 하더라도 그건 단 둘이 있을 때 이야기지 대외적으론 상사로서 직위와 권위를 존중해줘야 한다. 친하다는 이유로 존댓말을 소홀히 한다거나 허물없이 지내던 시절의 흉허물을 쉽게 말하는 태도는 눈살을 찌푸리게 한다. 반대로 나이가 손아래이고 친하다고 해서 후배에게 말을 함부로 하는 경우가 있지만, 그걸 존중받지 못하는 것으로 느끼며 이해하지 못하는 후배들이 더 많다는 사실도 잊으면 안 된다.

또한 상사는 어떤 일이든 주어진 일에 대해선 '되게' 해야 하는 사람이다. 그래서 상사들의 생리는 부정적인 말하기를 본능적으로 싫어한다. 그들의 의견을 완전히 부정하는 대꾸는 하지 않는 게 좋다. 대신 "차장님 말씀이 맞습니다. 그런데 저는 이렇게 했으면 어떨까도 생각해봤습니다"라는 부분 부정을 통해 상사의 권위를 존중해주고, 덧붙여 자신의 의견을 말하는 방법이 더 잘 받아들여질 수 있다.

실수를 했거나 자신의 잘못을 깨달았을 때는 즉시 인정하고 사과하는 것이 가장 좋다. 지체 없는 사과는 간결해도 좋다. "제가 실수했습니다. 다시 이런 일이 없도록 조심하겠습니다." "심려를 끼쳐 죄송합니다. 앞으로 잘하겠습니다." 정도의 사과로도 충분하지만, 처음부터 긴 변명이나 말꼬리를 흐리는 사과는 우습게 보일 뿐 아니라 잘못이 더 커지는 역효과를 내기도 한다.

안 하던 스타일로 말하려면 처음엔 좀 어렵다. 하지만 한두 번 연습하면 세 번째부터는 한결 쉬워진다. 금방 발전할 수 있다. 끊임없는 훈련을 통해 진정한 대화법을 익힌다면 신뢰받고 사랑받는 직장인이 될 수 있다.

말 한마디에 천 냥 빚을 갚고, 그 말 한마디에 사람이 평가된다. 회사에서 두루 신뢰하고 사랑받는 사람치고 밉게 말하는 사람 없고, 누구나 밉상으로 느끼는 사람치고 예쁘게 말하는 사람 없다. 여러 사람이 함께 생활하는 직장에서 서로에게 힘이 되고 온기가 되는 말 한마디는 아주 중요하다. 마음씨가 보이는 말씨, 이제까지 어떻게 말했든 지금부터라도 사랑받는 사람의 말하기를 내 것으로 만들자.

유머 코드에 마음을 접속한다

K과장은 좀처럼 말이 없는 상사다. 그냥 묵묵히 제 할 일을 성실하게 하자는 주의인데, 의외로 이런 그를 너무 어렵다고 생각하는 사람들이 많다. 그가 좀 진지한 스타일이긴 하지만 그래도 사람들과 어울리는 것도 좋아하고 후배들에게도 편안한 사람이 되어 격의 없이 소통하고 싶지만 마음처럼 되지 않아 고민이다. K과장처럼 성실하고 진지한 스타일은 굳이 흠을 잡자면 재미없는 사람, 혹은 감각이 없는 사람으로 그다지 인기 없는 스타일이기도 쉽다.

이럴 때 필요한 것이 '유머'다. 유머는 리더십을 구성하는 중요한 요소다. 리더십이 뛰어난 성공한 지도자들 가운데 유머감각이 없는 사람은 거의 없다. 남을 웃기는 재주라곤 전혀 없어 보일 것만 같은 '철의 여인' 마거릿 대처 전 영국 수상조차 유머 기질이 잘 발휘된 일화가 있다. 대다수의 참석자가 남자들인 한 저녁 만찬에서 "홰치며 우는 것은 수탉일지 모르지만 알을 낳는 것은 암탉"이라는 발언을 하여 좌중을 웃음바다로 만들었다. 진지하고 성실한 사람의 농담이나 유머는 더 큰 반응을 일으킨다. 경박하게 보이지 않을까 걱정할 필요는 없다. 링컨은 투박하지만 뼈 있는 유머가 풍부했고, 레이건은 수천 가지 농담을 머릿속에 넣고 다니며 거의 모든 상황에서 활용하며 미국을 웃겼다.

부하는 농담할 줄 아는 상사를 더 열심히 모시고 충실히 따른다. 여유와 아량이 엿보이고 좀 더 가깝게 느껴지기 때문일 것이다. 그런 상사는 일을 더 능동적으로 하게 만드는 에너지를 심어준다.

유머러스하다는 건 낙천적이고 긍정적인 마인드를 갖고 있다는 의미다. 여기서 에너지와 열정을 얻게 되며 더 창조적인 사람이 될 수 있다. 낙관주의의 수준은 정신적 건강의 수준과 같은데, 모든 일을 긍정적으로 생각하는 정신 운동을 되풀이해서 긍정의 근력을 키워야 한다. 일이 조금 틀어지고 안 된다고 세상 끝나지 않는다.

리더가 가장 화날 때는 스스로 일하는 부하가 없을 때다. 조금만 긴장했으면 하지 않을 실수를 하면 화가 난다. 좀 더 능동적이며 적극적으로 일하게 하는 방법에 대해 끊임없이 고민한다.

중국 초나라의 장왕은 반란을 평정하고 돌아와 이를 축하하기 위해 여러 신하들을 초청해 연회를 베풀었다. 그런데 연회 도중에 갑자기 거센

바람이 불어 모든 촛불이 일시에 꺼지고 말았다. 이때 한 장수가 장왕이 사랑하는 여인 허희의 소매를 끌자, 허희는 그의 관끈을 잡아당겨 끊고 장왕에게 이 사실을 고했다. 근데 장왕은 오히려 자신이 연회를 밤늦게까지 이어지게 한 탓이라 말하며, 모든 이의 관끈을 끊고 다시 불을 켜게 함으로써 그 장수의 잘못을 덮어주었다. 훗날 이 장수는 진나라와의 전쟁에서 목숨을 내던져 장왕을 구함으로써 은혜를 갚았다.

사람의 마음을 자발적으로 움직이게 하는 힘이 리더십이라면, 타인의 마음을 움직여 일해야 하는 리더는 자기 먼저 마음을 자발적이며 유동적으로 말랑말랑하게 유지해야 한다. 자기 책임에 대해서는 엄격하고 아랫사람의 실수에 대해서는 너그러워야 한다. 부하가 생각하는 것보다 좀 더 파격적인 너그러움과 이해, 지원이 필요하다. 그게 가장 좋은 동기부여이고 충성심의 밑거름이 된다. 부하를 더욱 노력하게 만드는 것은 물론, 조직 전체에 새로운 기운을 불어넣는다. 자발적으로 헌신하게 만들어라.

하기 어려운 말, 쉽게 하는 법

누구나 '좋은 사람' 이 되고 싶다. 어느 누구라도 나에 대해서는 좋은 소리만 하기를 소망한다. 하지만 그게 어디 쉬운가? 당장 갈등도 생기고, 오해도 생기고, 싸워야 할 일도 생기고, '나쁜 사람' 소리도 들을 수 있다. 그래도 할 말은 해야 한다. '욕먹을 수 있는 말' 도 해야 하고, '하기 어려운 말' 이라도 꼭 해야 하는 경우가 있다. 폭탄 안고 총대 멘다. 상처는 주지 않고 정곡만 살짝 찌를 순 없을까? 잠시 마음이 상해도 받아들일 수 있는 말. 이런 말들 좀 잘할 수 없을까?

"아, 난 아쉬운 소리가 안 나와!"

'아쉬운 소리=굴욕적'이라는 등식을 버리고 '아쉬운 소리=도움 청하기'로 바꾸면 한결 말하기 가벼워진다. 그리고 우선 상대방의 현재 형편을 살펴야 한다. 업무에 약간 공백이 있는지, 중요한 업무가 있지만 시간을 내줄 수 있을지, 또 평소 부탁을 하면 어떻게 반응하는 사람인지 꼼꼼히 따져보고 알아본 후에 해야 한다. 꼭 자신의 부탁이 받아들여져야 하는 간절한 상황이라면 세심한 주의가 더욱 필요하다. 그렇게 했는데도 상대가 완곡하게 거절할 경우엔 그 사람에게도 피치 못할 사정이 있을 것을 짐작하고 서운하게 생각하거나 관계를 불편하게 만들기보다는 빨리 다른 방법을 찾는 것이 현명하다.

"나는 거절을 못해서 만날 '봉'이야!"

거절하지 못해서 '오케이' 했다가 이후 다가온 처절한(?) 뒷감당에 치를 떤 당신! 일단 거절해야 하는 일이라면 그냥 "안 되겠습니다" "어렵습니다"라고 간단하게 말한다. "생각해볼게요" 같은 어중간한 표현으론 상대방이 오해하거나 또다시 부탁할 수 있다.

상처를 잘 받거나 소심한 사람, 자존심이 강한 사람에게는 거절할 수밖에 없는 상황을 잘 설명하고 미안한 마음을 충분히 설명하는 세심한 배려를 한다. 직선적이고 솔직한 스타일의 사람에게는 대답을 미루거나 애매하게 표현하는 것보다 딱 잘라서 거절 의사를 확실하게 하는 것이 좋다. 다만 친구나 직장 동료같이 관계를 지속해야 하는 사람 등 가까운 사이일수록 당장 거절하지 말고 시간을 두고 고민하고, 그래도 거절해야 한다면 부드럽게 거절한다. 하지만 한 번 보고 끝날 사이라면 얼버무리면서 틈을 보이지 말고 처음부터 딱 자르는 게 서로에게 좋다. 싫은 소리 하기 싫다고 둘러대면 결국 상대에게 두 번 상처를 주기 때문이다.

"상사를 내 편으로 만들려면 어떻게 말해야 돼?"

좋은 상사라도 듣기 싫은 부하의 말은? "이건 좀 어렵겠는데요"라는 말이다. 부정적인 자세를 드러내기 때문에 상사의 지시 내용이 불합리하더라도 지시받을 때만큼은 긍정적인 모습을 보여주길 원한다. 당장 안 되는 이유가 떠오르더라도 일단 "네, 알겠습니다" "해보겠습니다"가 정석이다. 그 이후 "해보니 이런 점은 되고 이런 부분은 어렵습니다"라고 보고하며 도움을 청한다.

또 업무상 실수를 저질렀을 때는 즉시 잘못을 시인하는 말이 중요하다. 회피하려 하지 않고 즉시 잘못을 시인하는 부하가 끝내 책임회피하려는 부하보다 멋지고 괜찮게 보인다. 책임감 있게 일을 수습하는 자세를 보이려면, 일에 대해 언제까지 시정할 수 있는지, 어떤 방향으로 노력할 것인지를 명료하게 보고한다. 대안을 가지고 있지 않다면 상사나 선배에게 상의하고 조언을 구한다. 어려운 부분을 상의해오는 부하나 후배는 밉지 않다.

"미안하다고 하면 된 거 아냐?"

내가 잘못하거나 실수했을 때 민망하고 낯 뜨거워서, 빠르고 간단하게 "미안하다"는 말로 인정과 사과를 동시에 처리하고 어서 그 일을 잊고 싶다. 하지만 민망한 마음보다 미안한 마음을 더 많이 가져야 말이 더 잘 나오는 법이다. 상대방이 왜 화가 났는지 어떤 점이 불만인지 충분히 말할 수 있게 하고 귀담아 잘 듣는 게 먼저다. 이것만 해도 상대방은 화를 어느 정도 풀 수 있고, 자신도 어떤 점을 사과해야 하는지 정확하게 알 수 있다.

무엇을 잘못했는지 모르면서 사과하는 것은 핵심이 빠진 하나마나한 사과다. "아까는 너무 화를 내셔서 당황하는 바람에 미처 생각하지 못했는데, 생각해보니 이런 점에서 제가 큰 잘못을 저지른 것 같습니다. 죄송합니다. 화 푸세요." 진실하고 성의 있게 제대로 사과해야 상대도 마음의 앙금을 남기지 않는다.

"내 생각은 다른데, 마음부터 상해서 반론을 제대로 못 했어!"

직장생활을 하다 보면 나와 생각이 다른 사람이 많다. 또 비판하는 사람도 생길 수 있다. 그런데도 하고 싶은 말을 제대로 못하고 그저 마음속으로 속만 끓이는 경우도 많다. "왜 이렇게 했어요?" "좀 더 다르게 할 수 없나?" 하는 질문엔 구체적으로 지적해주길 바라는 말로 대응한다. "구체적으로 어디가 마음에 안 드신 건지 이야기해주세요." 하지만 완전히 인정하기 어려울 때가 더 많다. 그럴 땐 상대방이 말한 부분에서 사실에만 동의한다. 일단 사실에 동의한 다음 앞으로 어떻게 행동할지에 대한 부분을 잘 보여주면 상대방과의 관계가 좋아질 수 있다. "오늘은 제가 숫자에서 큰 착오가 있었지만 다음번엔 같은 실수 안 하겠습니다."

맞다고 생각하는 사실에 대해서는 인정하지만 그렇지 않은 부분에서는 자신의 생각을 뒷받침할 수 있는 증거를 대면 훨씬 설득력 있다. 비판에 대한 일반적이고 통상적인 대처를 벗어나려면 좀 편안하면서도 이성적이 되어야 한다. 솔직하고 건설적인 대안을 생각해 효과적인 대처를 하면 상대방이 실수를 지적할 때도 그 안에서 소중한 것을 얻을 수 있다.

"부드러운 이미지를 줄 수 있는 말을 잘 못하겠어!"

사람이 서로 대화를 할 때 영향을 미치는 요소는 말하는 내용, 말하는 방법, 말하는 모습이라고 한다. 이 중에서 가장 큰 영향을 미치는 것은 말하는 모습이다. 표정, 제스처, 말투, 목소리 톤 등이 상대방에 대한 태도를 결정하는데, 이것은 생각보다 큰 영향을 미친다. 이런 말들을 잘 이용하면서 거기에 몇 가지 말만 효과적으로 양념 치듯 더 사용하면 훨씬 설득력 있다.

우선 "감사합니다"는 상대에게 뿌듯한 기분을 준다. 작은 것이라도 무엇 때문에 감사한지 감사의 이유에 대해 자세히 전하면 더욱 좋다. "가르쳐주시겠습니까?"라는 말은 자신의 능력을 내보이고, 다른 사람에게 인정받고 싶어 하는 사람의 본능을 만족시켜준다. 좋은 가르침도 얻을 수 있고 상대방과 쉽게 가까워질 수 있는 말이다. '덕분에' '이제부터는'과 같은 말은 '~때문에' '잘했더라면' 같은 후회의 표현보다 훨씬 더 긍정적이고 희망적인 표현이다.

똑똑하게 분노하는 그 사람의 재발견

슬슬 조바심 나는 퇴근 시간이다. 해야 할 일은 많은데 벌써 시간이 이렇게 흘러 마음만 급해진다. 안 풀리는 일에 불안과 짜증이 꿈틀대고, 평소 같으면 그냥 넘어갈 일도 눈의 티끌처럼 목의 가시처럼 걸리며 파르르

한다. 그런데 웬일인지 옆자리 동료는 사람이 한결같다. 그도 바빠 보이고 안 되는 일도 많아 보이지만, 나와는 뭔가 다르다. 굉장히 화를 내고 있지만 사람 마음 상하지 않게 하고, 화를 안 내는 것 같은데도 조심스럽고 눈치 보게 한다. 그와 나의 분노의 방식은 어떻게 다른 것일까?

일시 멈춤과 스톱 버튼을 활용하자

화내는 걸 별로 본 적이 없다고 해서 화가 안 나는 건 아니다. 소리 지르고도 싶고, 책상도 딱 하고 내리치고 싶고, 막말을 하고 싶을 때도 있다. 하지만 그때마다 화를 낸다면 어느 순간 주변 사람들은 당신의 분노 방식에 대해 내성이 생긴다. '또 시작이네' 하면서 고개를 돌리고 말 것이다. 그리고 아무도 귀담아듣지 않는다. 그렇기에 화를 한번 내더라도 제대로 내는 편이 훨씬 효과가 좋다.

습관이 무서운 건 스스로를 제어하지 못하는 상황까지 간다는 점 때문이다. 화내는 습관을 들이면 안 된다. 가슴에 깊이 쌓인 화가 있다면 근본적인 심리치료를 하면서 습관적으로 욱 하고 올라오는 화를 다스려나가야 한다. 화를 내되, 화를 내는 횟수와 방식을 달리해야 한다.

직장생활하는 사람은 안다. 사실 화가 폭발할 상황은 그렇게 많지 않고 설령 폭발할 정도로 화가 난다고 해도 매번 다 터뜨릴 수는 없다는 것을. 그래서 일단 화가 나면 모든 생각을 '일시 멈춤' 모드로 변화시켜야 한다. 자신의 의지와 관계없이 꼬리에 꼬리를 무는 나쁜 생각을 일단 '스톱' 시키지 않으면 기어이 화를 내게 되기 때문이다.

물론 처음엔 어렵다. 그래서 처음엔 소리 내어 입 밖으로 스스로에게 말한다. "스톱 스톱! 됐고, 여기까지……." 그런 다음 눈을 감고 크게 심

호흡을 한다. 그 사이 5초 이상을 벌고, 생각은 여전히 멈춘 채 몸은 현재 상황과 관계없는 일을 하기 시작한다. 물을 천천히 한 컵 들이켜거나 화장실에 가거나 거울을 본다. 손을 씻으며 얼굴을 들여다보면 어느 순간 피식 웃음도 나고, 그러면서 슬며시 분노가 누그러든다. 그러면 이성적으로 상황을 정리할 힘이 생긴다.

직접화법보다 효과적인 간접화법

화가 나서 꼭 한번 쓴소리를 해줘야 할 사람이 있다면, 직설적인 방법보다는 부드럽고 완곡한 표현으로 바꿔서 한다. 화났는데 굳이 이렇게 해야 하나 싶겠지만 단순히 '내가 당한 것처럼 너도 한번 열받아봐라' 하는 게 목적이 아니라면, 상대를 변화시킬 수 있는 설득의 언어를 찾는 것이 가장 합리적인 방법이다.

아무리 옳은 말이라도 직설적인 표현보다 살짝 포장지를 바꾸는 센스도 필요하다. "할 수 없다"라는 말 대신 "노력해보겠다"라고 하고, "그럴 리가 없다"라고 거품 무는 대신 "이건 착오나 오해는 아닌 것 같다"라고 순화해서 말하는 식이다. 또 "이런 게 당신의 문제다"라고 말하는 대신 "그건 앞으로 이렇게 해주었으면 좋겠다"로, "절대 그렇게 하지 말라"는 대신 "그건 안 할수록 당신에게 이익이다"라는 말로 바꾸면 상대의 반감이나 저항이 적어진다.

대화로 풀려다가 다시 화가 나는 경우도 있다. 나의 잘못으로 한창 미안하고 죄송스러운 상태였는데, 상대방이 나도 알고 있는 잘못을 꼬치꼬치 따져 묻고 확인하면 은근히 다시 부아가 치밀기 마련이다. 말하는 중간중간에 "내 말이 무슨 말인지 알겠어요?" "무슨 뜻인지 알겠죠?"

"아직 이해 못했어요?" 하는 말을 계속 되풀이하는 식이다.

따라서 화내야 할 때는 길게 말하지 않는 것이 낫다. 설명이 조금 부족하다고 생각하는 선에서 아쉬워도 말을 멈추고, 궁금한 사항이나 설명이 부족했다고 느끼는 상대가 질문할 수 있도록 기회를 줘야 한다. 주고받는 대화가 아니라 꼬치꼬치 심문하는 듯한 인상을 주면 잘못을 시인하고 받아들이다가도 다시 화가 난다. "그땐 그럴 수도 있었겠다. 그런데 다음엔 꼭 이렇게 해달라"라고 필요한 것을 요구하는 선에서 그치는 것이 효과가 좋다.

즉각 반응은 후회만 남긴다

화내는 상사나 동료에게 즉각 행동하면 남는 건 후회밖에 없다. 경험상 최선의 방법은 냉정하고 침착해지는 것이다. 소리 지르는 사람과는 말을 섞지 않는 게 상책이다. 소리 지르는 사람은 이성적으로 생각할 수 없다. 누군가 화가 나서 소리를 지르고 있다면 우선 들어주어라. 이것이 가장 빨리 감정을 누그러뜨릴 수 있는 길이다. 쉽지 않지만 그냥 기다리거나 자신의 목소리 톤을 부드럽게 유지하기만 해도 좋다.

상사가 할 말을 다해놓고 또 어떤 것으로 나를 공격하려 한다면, "생각할 시간을 주십시오." "제가 어떻게 해야 할지 차분히 말씀해주십시오. 개선하도록 하겠습니다"라고 말한다. 일단 상사의 말을 진지하게 받아들이는 자세가 상사의 화를 누그러뜨리는 최선의 방법이다. 해명할 기회는 나중에 얼마든지 있다. 할 말이 있어도 당장은 참아야 한다. "일의 진상을 아신다면 그런 말씀은 못하실 거예요." "그건 제 잘못이 아니에요. 저한테 화내실 일이 아니라고 생각합니다"라는 말은 일의 진위와 관계없이 상사에겐 저항과 도발로 여겨진다.

화난 사람 앞에서든 내가 화났을 때든 최선의 처방은 우선 시간을 버는 일이다. 모든 수습은 그 다음에 해도 늦지 않다. 오히려 더 좋은 효과를 내며 관계는 더욱 돈독해질 것이다.

잘난 사람의 미워할 수 없는 대화의 기술

말을 잘하는 것은 큰 장점이다. 사람들은 말 못하는 사람보다 말 잘하는 사람을 훨씬 잘 기억한다. 사람에게 호감을 주며 그 사람과 이야기해보고 싶은 마음이 들게 하기 때문이다. 요즘은 자기 PR시대인 만큼 잘난 면이 느껴지면서도 밉지 않고 호감을 주는 자기 홍보는 큰 플러스 요인이다. 꼭 달변이어야 하는 건 아니다.

자신감 어필하기

자만심과 자신감은 방법을 어떻게 하느냐에 따라 글자 한 자 차이보다 더 작은 차이일지 모른다. 자기 자랑을 하고 좀 잘난 척한다 하는 사람 중에도 그 모습이 결코 '밉지 않은' 건 그 방법이 밉지 않기 때문이다. 자만과 자신의 경계를 잘 알고 있는 사람이다. 누가 봐도 잘난 것을 과시하려는 것이 아니라 그냥 한바탕 웃자고 하는 유머러스한 잘난 척은 그게 누구나 인정하는 잘난 점이라면 밉지 않다.

누구나 인정하는 장점을 유머와 위트로 표현해보자. 그리고 자신의 잘난 점을 말하다가 그 끝에 치명적인(?) 단점을 솔직히 고백해도 밉지 않다. 그 단점은 두고두고 남이 우스개로 우려먹어도 좋을 만한 재미있는 것이라면 모두가 유쾌해진다. 단점을 당당히 밝힐 수 있는 사람은 진짜 자신감 있는 사람이다. 또한 그 모든 잘난 척이 용인되려면 평소 사람들에게 좋은 이미지를 주는 것이 무엇보다 중요하다.

배려의 말하기

솔직함은 장점이지만 배려가 빠지면 위험해진다. 예를 들어 심각한 병중에 있는 사람을 찾아갔다가 "안색이 몹시 안 좋으시네요. 회복이 힘들어 보이는데 큰일입니다." 이렇게 말한다면 어떨까? 그보다는 "안색이 좋아 보이십니다. 곧 쾌차하실 거예요. 용기를 잃지 마세요"라고 말하는 것이 병문안 간 사람의 좋은 태도다. 어른인데도 어린아이처럼 '거짓말하는 게 더 나쁘다' 고 하는 사람도 종종 있지만, 이런 말은 '거짓말'에 무게를 두지 말고 '배려' 에 무게를 실어야 한다.

따로 계산하지 말고 타인의 감정과 생각을 존중하는 말하기는 언제나 중요하다. 평소 주변 사람들을 애정과 관심을 갖고 바라보면 도움이 될 일을 묻거나 힘이 될 말을 전하는 게 더 자연스러워진다. 생각에 진심이 담겨 있어야 그것이 훼손되지 않고 상대에게 그대로 전해진다.

부피감 있게 포장하기

첫 대면에서 '한마디'는 매우 중요하다. 한마디로 상대방을 사로잡을 수도 있고 인상 나쁘게 찍힐 수도 있다. 말을 부피감 있고 따뜻하게 표현하는 기술이 필요하다. "좋은 아침입니다." "처음 뵙겠습니다." "안녕하십니까?"와 같은 전형적인 인사로 밋밋한 인상을 주기보다 자신만의 개성이 느껴지는 표현을 찾아보자. "처음 뵙겠습니다. 근데 자주 뵈었던 분같이 편안하게 느껴집니다." "저는 멀리서 뵐 때 방송에서 뵌 분인가 했어요. 생각보다 훨씬 멋지셔서 저를 만나러 온 분이라고는 생각지 못했습니다." 보통 정형화된 말이 단순한 뼈대와 같다면 이런 표현들은 말에 살을 붙여서 부피감을 느끼게 해주고 말하는 사람의 색깔이 느껴지게 한다. 상대가 한층 기분 좋아질 수 있는 표현이면서 나를 인상적으로 어필할 수 있다.

말하지 않고 말 걸기

보통 15초면 한 사람의 첫인상을 말하는 데는 부족함이 없다고 한다. 그렇다면 그 15초 안에 한 사람이 보여줄 수 있는 것은 무엇일까? 그건 그 사람이 드러내는 외적인 조건이라고 할 수 있다. 하지만 이것은 단순히 생김새나 옷차림, 헤어스타일, 손에 든 가방이나 구두를 의미하는 것은 아니다. 그 사람의 스타일이나 센스를 엿볼 수 있는 그 모든 외적인 부분을 말한다. 거기엔 얼굴 표정이나 목소리, 말씨, 제스처까지 포함된다.

단정한 옷차림, 경험과 성품이 배어나는 표정, 강렬한 눈빛, 자신감 있는 제스처와 신뢰감을 주는 안정적이고 당당한 태도 등은 '말'로 대표되는 대화법의 또 다른 소중한 재산이다. 옷차림의 기본을 알고 때와 장소에 따라 알맞게 연출할 수 있는 감각, 그에 맞는 행동과 말투는 결코 사소한 사항이 아니다. 한마디 말을 나눠보지 않은 사람도 당신을 이미지만 보고 호감 어린 얼굴로 말을 걸어올 수 있기 때문이다. 당신의 이미지가, 커뮤니케이션의 가장 중요한 조건이 시작되는 순간이다.

Action talk

Q & A 제가 무슨 말을 어떻게 해야 할까요

"분위기 띄워주려는 농담이 그렇게 잘못됐나요?"

Q 저는 팀에서 나이로 보나 경력으로 보나 중간쯤 되는 자리에 있습니다. 그래서 위아래 즐거운 분위기 만들어본다고 때론 좀 짓궂게 팀원들에게 장난을 하죠. 팀원들이 제 유머에 어리둥절해하면 "농담이야~" 하며 풀어주는데, 어제는 한 살 후배가 파르르 하는 겁니다. "선배님, 늘 팀원들 기분 상하게 하시고 꼭 농담이라고 그러시는데, 저는 오늘 농담할 기분 아니거든요." 이러는 겁니다. 제가 뭘 잘못했는지 모르겠네요, 정말.

A 후배가 웃자고 한 이야기를 못 받아들이는 속 좁은 사람이라고 생각하기 전에 "농담이야"라는 말 속의 진실을 솔직하게 들여다볼 필요가 있어요. 보통 이 말은 타인에 대한 질투 섞인 악감정을 표현하고 그걸 얼버무리기 위해서 하는 말일 때가 많습니다. 유머를 빙자한 비꼬기 같은 거죠. 혹시나 자신이 남을 깎아내리는 타입은 아닌지, 지나치게 말이 많거나 남의 험담을 은근 좋아하는 건 아닌지 솔직하고 객관적으로 진단해보세요. 이런 면이 하나라도 있다면 당신은 자신감이 부족한 사람일 수 있습니다. 남을 너무 인정해서 기가 죽어 있거나 남을 인정하지 않아서 사사건건 트집 잡고 싶은 심리의 발로일 수 있죠. 팀워크에 기여하는 좋은 팀원은 먼저 자존감이 높고 타인의 존재를 인정하는 데서 시작합니다. 나의 내면을 들여다보고 좀 더 솔직해지면 처방도 생깁니다.

"잘했다 하면서 나중에 왜 딴소리를 하죠?"

Q 요즘은 '리액션'이라고 하죠? 아이디어 회의할 때나 토론할 때, 그

리고 프레젠테이션을 할 때 사람들의 반응을 보면 고개를 끄덕이거나 눈을 빛내거나 열심히 메모하는 사람들이 보입니다. 동료들은 제가 토 달 일이 없을 정도로 논리적이라며 어떻게 준비하기에 그러냐고 합니다. 근데 문제는 네 말이 다 맞다, 틀린 데가 없다, 허점이 없는 논리다, 이렇게 긍정적인 반응이다가도 뭔가를 결정해야 할 시간이나 어느 쪽으로 의견을 정리해야 할 시간이 되면 어느새 사람들의 마음이 달라져 있습니다. 아니, 제 말이 다 맞다면서 왜 마음은 변덕을 부리냐는 겁니다.

A 아, 정말 답답하시겠네요. 그야말로 본인 입장에서는 배신이고 뒤통수치는 격이죠. 그런데 한 가지 간과하는 건, 사람 마음이 논리적이기만 하다면 움직일 수 있다고 생각하시는 것입니다. 사람 감정은 형식과 논리, 이성이 아니라 자로 잴 수 없고 양을 잴 수 없는, 마음을 울리는 '무엇'을 통해 상대의 마음을 열지요. 우리가 날마다 접하는 광고가 논리나 이성보다 사람의 감성에 호소하는 스타일이 대부분인 것은 그 때문입니다. 물론 할 수 있으면 모든 논리를 사용하는 것은 맞지만, 상대방의 마음을 여는 건 결국 감정입니다.

사람들은 자신에게 화려하고 현학적인 수사를 퍼붓거나 송곳 같은 논리로 설득하려는 사람에겐 방어적이 되거나 회의를 품게 되죠. 설득되길 바란다면 될 수 있는 대로 저자세를 유지하고 웅변가인 것처럼 보이는 걸 절제해야 합니다. 자신의 의견을 잠시 접어두고 상대의 의견을 경청하는 모습만으로도 상대는 이미 마음을 움직입니다. '역지사지易地思之'란 말이 있죠? 이게 바로 공감입니다.

"후배가 갑자기 저를 '○○씨'라고 부릅니다."

Q 저희 회사는 군대만큼 직원 서열이 엄격해서 한 달 차이라도 선후배 관념이 명확합니다. 그래서 저는 두 달 빠르게 입사한 저보다 어린 선배를 깍듯하게 모셨습니다. 그런데 얼마 전 들어온 후배의 태도가 안하무인입니다. 처음엔 '선배'라고 부르는 듯하더니 얼마 안 가 ' ~씨'라고 부르는 겁니다. 내가 이 친구한테 뭘 잘못했나 했는데, 가만히 생각해보니 제가 비정규직인 것이 이유인 듯합니다. 그 후배는 정규직 사원으로 채용되었거든요. 제 자격지심인가 했는데 다른 비정규직 선배들에게도 그럽니다. 저는

그 호칭 때문이 아니라 무시하는 태도를 참을 수 없습니다. 어떻게 하면 매운맛을 보게 해줄 수 있을까요?

A 외국 기업과 달리 우리는 이런 문제가 너무 많습니다. 신참 대리가 만년 대리에게 맘먹을 수도 없고, 친구처럼 지내던 동기가 먼저 승진하면 바로 호칭 존대를 안 할 수도 없고……. 일단 그 후배가 내게 '선배' 라고 부르지 않는 괘씸한 점은 빼놓고 다른 면을 관찰해보세요. 객관적으로 다른 건 나쁘지 않은 사람입니까? 그럼 내키진 않지만 한번 내 사람으로 만들어보시는 건 어떨까요?

후배를 비난해서는 아무것도 안 됩니다. 복수하겠다는 생각을 갖거나 대립, 대치하려는 상황을 만들지 말고 개인적으로 마주하시기 바랍니다. 먼저 후배의 행동 뒤에 숨어 있는 감정이나 욕구를 읽어주세요. 내가 선배처럼 안 보인 행동은 없나? 죽을 둥 살 둥 노력해서 정규직으로 들어왔으니 알아달란 투정인가? 그냥 내가 이유 없이 싫은 건가? 뭔가 더 근본적이고 은밀한 이유가 있을 겁니다. 그걸 잘 들어주세요. 그 대신 반론을 준비하려고 벼르지 마세요. 인간적으로 서로 돕자는 의미의 말을 준비하는 편이 효과적입니다.

"우리도 2년간 쉽지 않았어. 비정규직이라고 어지간하게 적당히 할 수 있는 일을 골라주는 건 아니기 때문에 나름대로 치열하게 보냈지. '선배' 라는 게 대단한 건 아니지만 이런 노력을 최소한의 호칭으로라도 예우해주어야 하지 않을까 해." "정말 그 어려운 취업난을 뚫고 정규직으로 입사한 것, 대단하고 또 부럽다. 진심이야. 하지만 비정규직이라고 무시하면 우리도 상처 많이 받아. 일할 의욕도 없어져." 이렇게 적당히 후배의 자존심을 지켜주며 마무리로 "과장님 앞에서라도 선배라는 호칭을 불러주면 좋겠다"고 말하면 어떨까요?

업무 협조를 받아 직장생활을 원활하게 해나가는 것이 목표라면 자존심이나 감정은 좀 걷어내고 솔직하게 대면하는 것이 가장 좋습니다. 그만큼 했는데도 여전히 안하무인으로 싸가지 없게 군다면? 그 인간 자체를 놓아버리십시오. 그래도 괜찮습니다.

Chapter 5

통하는 사람의 마음가짐

Chapter 5

통하는 사람의 마음가짐

소통의 강에는 배려와 존중이 흐른다

"폐하께서 자비로운 얼굴로 마음을 비우고 신하들의 의견에 귀를 기울이시더라도 감히 함부로 말을 못할 터인데, 하물며 폐하께서 지혜와 논리와 옛일을 동원해 신하들의 말을 일일이 논박하시니 어찌 대응할 수 있겠습니까?"

《자치통감資治通鑑》에서 재상 류계가 당태종에게 올린 상소로, 이 글만으로도 긍정적인 피드백이 얼마나 중요한지를 알 수 있다. 어떤 사안에 하고 싶은 말이 많아도 우선 말할 사람과의 소통과 유대를 위해서는 부정적인 발언이나 질책은 절제해야 한다. 만약 당신이 조직의 리더인데, 부하직원이 기획안을 보고하거나 후배가 프로젝트를 끝내고 그에 대한 의견을 묻는다면 당신은 두 가지 중 어떤 반응을 보일 것 같은가?

"좋아. 좋기는 한데, 내가 볼 때는 말이야……."

"좋아! 고생했어. 훌륭해! 할 수 있으면 이 부분만 조금 더 구체화시키면 좋겠네. 근데, 혼자 너무 힘들지 않겠어?"

같은 보고를 받거나 의견을 교환하는 과정에서 말을 어떻게 하느냐에 따라 받아들이는 사람의 마음도 달라진다. 부정적 피드백을 하는 것이 선배나 상사로서 부하의 능력을 길러주기 위해 불가피하다고 생각한다면, 피드백의 진정한 의미를 모르는 사람이다. 피드백은 부하에 대한 능력이나 인격에 대한 판단을 하는 것이 아니다. 학습이나 성장, 변화를 통해 목표를 달성하도록 돕는 과정이다. 업무적인 조언을 할 때는 개선해야 할 부분뿐만 아니라 잘된 부분도 긍정적으로 피드백하는 것을 잊지 않아야 하는 이유도 거기 있다.

우리는 너나 할 것 없이 못한 부분에 대해선 드러나게 질책하면서 잘한 부분에 대해서는 칭찬이 인색한 편이다. 우리 사회는 타인의 평가에 민감한 편이라 매사 더 긍정적인 소통을 해야 한다. 타인에게 긍정적인 말과 칭찬, 격려를 많이 들으면 자신감과 자존감이 높아진다. 자신이 괜찮은 사람, 능력 있는 사람, 조직에 기여하는 유능한 사람으로 느껴지면 더 열정적으로 일하는 동력이 된다. 그리고 다른 사람에게도 그렇게 할 수 있다.

하지만 직장생활을 하다 보면 갈등을 피할 수 없는 때도 있다. 간혹 의견충돌이 있을 수도 있고, 서로 언성도 높아진다. 심하면 평소 쌓이고 묵은 감정이 나오기도 한다.

어디서나 갈등은 있을 수 있다. 하지만 당장은 괘씸해도 돌아서서 곱씹어보면 마음이 풀어지는 그런 말은 언제나 진심 어린 애정을 담았을 경우다. 눈물이 날 정도로 매서운 질책이지만 부하를 아끼는 마음이 잘 담겨 있으면 돌아서서 다시금 고마워진다. 상사에게 고개 바짝 들고 말하는 부하가 진심 어린 충정을 담은 고언을 했다면, 그 앞에선 '괘씸한 놈'이었다가도 어느새 '제일 쓸 만한 놈'이 된다. 어떤 경우라도 애정과 배려를 버리지 말자. 피할 수 없었던 갈등과 불화라도 수월하게 해결할 열쇠를 항상 손에 쥐는 셈이다.

일할 맛이 나려면 짭짤한 존중이 필요하다

사회만 달라진 게 아니다. 일하는 사람들도 많이 달라졌다. 예전에는 직원들을 열심히 일하게 하려면 당근과 채찍을 이용하면 된다고 생각했지만, 요즘 직장인들의 열정을 이끌어내려면 그것으로는 부족하다. 단순히 겉으로 보이는 보상만 눈앞에서 흔든다고 행동하지 않는다. 다시 잡기 힘든 기회라 생각될 정도로 파격적인 보상이 아닌 이상 모든 것을 바치면서 회사에 충성하겠다고 나서지 않는다. 돈으로 인재는 살 수 있어도 인재의 헌신까지는 살 수 없다.

하버드 대학교 경영대학원 교수인 테레사 M. 아마빌과 스티븐 J. 크라머가 조사한 재미있는 통계가 있다. 〈하버드 비즈니스 리뷰〉(2010년 1, 2월호)를 보면, 이 두 사람은 600명의 관리자에게 "무엇이 직원들에게 가장 큰 동기부여를 할까?"라는 질문을 던졌다. 관리자들은 '잘한 일에 대한 보상'이 직원들에게 동기부여하는 가장 좋은 방법이라고 대답했다. 그런데 재미있는 건 보통 직장인들의 대답이다. 관리자들이 가장 낮은 순위로 고른 '일의 진전'을 그들은 1순위로 꼽았기 때문이다. 업무가 계획대로 잘 진행되어 진전이 있다고 느끼거나, 장애가 있거나 막힌 일을 도움 받아 해결했을 때 가장 긍정적인 감정을 느낀다는 것이다. 한마디로 '일할 맛 나는' 것이다. 좀 더 높은 목표에 도전하는 일에 한결 자신감이 생기고 도전의식이 생길 것은 당연하다.

잘한 일에 대해 상사에게 칭찬을 듣거나 그에 대한 적절한 인센티브를 받는 것도 확실히 동기부여가 된다. 문제는 사람들마다 차이는 있겠지만 그게 그렇게 생각보다 오래 가지 않는다는 것. 쉽게 말해 그 '약발'이 오래 지속되려면 계속적으로 촘촘히 칭찬을 듣고 보상을 받아야 하는데, 일을 계속 잘하거나 자주 성과를 내기는 정말 어려운 일이다. 일을 잘하고 성과를 내기 위한 동기부여 방법을 계속 찾아야 하는 건 그대로 남는다.

결론은 직원들의 열정은 그들을 인격체로 인정하고 대접해줄 때 발휘된다는 것이다. 돈만 많이 주면 되는, 그래서 누구든 언제든 교체될 수 있는 부속품 대접이 아니라, 일을 진전시키는 과정을 통해 스스로 자신이 성장하는 데 큰 기쁨과 보람을 느끼는 성숙한 사람으로 존중하는 것이다.

핑크 캐딜락으로 유명한 세계적인 화장품기업 메리 케이의 창업자 메리 케이 애시 회장은 종업원이나 고객을 막론하고 누군가를 만날 때마다 그 사람의 머리에 '나는 존중받고 싶다'라고 쓰여 있다고 생각하면서 그들을 대했다고 한다. 미국의 대표적 소프트웨어 회사 중 하나인 SAS의 CEO 짐 굿나잇도 "직원들을 행복하게 해주고 최고의 혜택을 주는 것은 회사 성공에 대한 이들의 기여와 공로에 대한 존경심의 표현"이라고 말했다.

젊은 직장인들이 보수에 큰 불만이 없어도 자기 발전이나 비전이 없는 회사는 미련 없이 그만두는 것도 이런 맥락이다. 물질적인 혜택보다는 조직이나 동료로부터 존중받기, 다양한 업무 경험, 자기계발 등이 열정적으로 일하는 동기가 된다. 결국 기업이나 리더는 조직 안에서의 소통에 주목해야 한다. 서로 존중하고 배려하는 가운데 업무에서 무엇이 문제인지에 대해 자주 머리를 맞대야 한다. 문제를 함께 해결해가면서 한 가지 업적을 만들고 '아, 우리가 한 단계 업그레이드 됐구나' 하고 생각하는 과정이 계속 이어질 수 있는 환경이 돼야 한다. 그러려면 모든 일을 유리 상자 속에 투명하게 담아야 한다. 일이 어떻게 진행되고 있는지 모든 직원들이 파악할 수 있도록 시스템화하는 것이다.

일을 하면서도 장님이 코끼리 다리 만지듯 모호하게 예상하고 추측만 해서는 안 된다. 관리자는 직원들에게 지시하고 닦달하고 성과만 챙길 것이 아니라 일에 방해가 되는 요소들을 적극적으로 해결해주고, 빠른 판단과 결정을 통해 불확실성을 제거해주어야 한다. 칭찬도 받고 서로 축하도 하고 회사 차원의 기분 좋은 보상까지 받으면 그 효과는 200퍼센트가 된다. 이러한 훌륭한 인재는 빡빡하게 관리할 필요도 없고 해고할 필요도 없다. 그들은 내적으로 스스로 동기부여해 최고의 성과를 내며, 무언가 더 큰 일을 창조하는 원동력을 가지고 있다.

훨훨 날고 싶은 기분을 내기 위해서는 날개를 만들어서 달 수 있다. 하지만 진짜 날 수 있는 힘이 있는 날개는 몸과 하나가 되어 진짜 돋은 날개여야 한다. 회사가 일하기 좋은 환경, 따뜻하고 배려 깊은 일터를 만들어 직원 개인의 날개가 그 안에서 잘 돋아나게 한다면, 머지않아 훨훨 높이 날게 될 것이다.

스크린에서 리더를 만나다

영향력이 큰 리더일수록 그 사람의 말은 곳곳을 뒤흔든다. 주가, 상품 판매량, 표심, 사람의 마음을 출렁이게 한다. 그 때문에 한마디라도 전략적으로 해야 하지만, 달변이 능사는 아닐진대 어디서 좀 배워볼 수 있을까. 영화가 답해준다. 유명한 실존 인물부터 어디에도 없을 것 같은 가상 인물까지, 영화 속 인물들은 말로써 설득하고 호소하고 애원하고 인정한다. 달변가부터 말더듬이까지, 각기 다른 신분과 처지에 놓인 그들의 공통점 한 가지는 사람의 마음을 움직인다는 것!

솔직하다 못해 빵 터지는 의외성, 〈콘트롤러〉

청중은 연설가에 대한 적당한 기대치가 있다. 미리 할 말을 예상하는 것이다. 무엇인가 잘못한 일이 있는 사람이 말을 할 때 청중은 솔직한 답변을 들을 마음의 준비가 되어 있다. 선거에서 패배한 후보자가 말을 할 땐 "다시 일어서겠다, 지켜봐달라"와 같은 결연한 의지가 담긴 말을 기대한다.

하지만 영화 〈콘트롤러〉의 데이빗 노리스는 어깨에 완전 힘을 빼고 대책 없이 솔직하다. 자신이 많이 써먹은 말들, 넥타이 색깔, 심지어 적당히 헌 구두 끝까지 이 모든 것이 계산된 선거 전략이었음을 술술 고백하는데, 청중으로선 예상치 못한 연설이다. 어릴 때 이야기부터 이어지는 하나의 스토리와 기대를 무너뜨리는 솔직함에 허를 찔린 청중은 감동이 밀려오는 것을 느낀다. '아, 저런 사람을 내가 왜 안 찍었지?' 후회하게 된다. 그가 거기서 바로 재기할 수 있었던 원동력이다.

때로 리더로서 권위와 욕심을 버리고 뒤를 계산하지 않으며 솔직하게 말해야 할 때가 있다. 특히 조직이 어려움에 처했을 때, 나쁜 소식을 전해야 할 때, 나에게 좋지 않은 감정을 가진 사람이 많은 자리에서 말해야 할 때 등등, 불리하거나 부정적 상황일 때 차라리 그 상황에 자신을 솔직하게 내던지는 말하기를 하라. 그 어떤 수사나 달변보다 사람의 마음을 무장해제 시킨다. 어딘가 클린턴이나 오바마 대통령의 말하기와 닮았다고 생각했는데, 주인공이 실제 두 사람에게 한 수 지도 받았다고 한다.

두려움을 이겨낸 사람이 뿜어내는 아우라, 〈킹스 스피치〉

조지 6세는 말 더듬는 증상에서 오는 두려움을 이겨내느라 안간힘을 쓰고, 실수하지 않으려고 천천히 또박또박 끊어가며 연설문을 읽는다. 하지만 말 더듬는 증상이 없는 사람이라도 이런 방법이 필요할 때가 있다. 간절하게 호소하고 싶은 것이 있을 때, 한마디 한마디 청중의 가슴에 수를 놓고 싶을 정도로 절박함이 있을 때는 말을 빨리 하는 것보다 천천히 한다. 매끄럽게 줄줄 말한다는 느낌보다 짧은 문장도 조금씩 끊어 말하며, 그 사이사이 긴장과 간절함이 고스란히 느껴지는 침묵의 호흡이 놓일 수 있도록 한다.

이런 경우 연설이 지나치게 길면 안 좋다. 적당하게 짧은 길이로 조정하고 두어 번 핵심 문장이 조금 다른 형태로 반복해서 들어갈 수 있도록 말한다. 노래를 만드는 일보다 말하는 것이 더 어렵다는 가수 송창식. 그는 농담도 잘 못하고 대화의 맥락을 놓치기도 일쑤다. 그래도 우리에게 감동을 주는 건 느릿하고 어눌한 가운데 자신을 열어놓고 진실하게 말하기 때문이 아닐까.

제대로 용기 있는 사람의 통렬한 비꼬기, 〈제리 맥과이어〉

청중은 아무리 몇날 며칠 준비한 연설이라도 듣고 돌아서면 대부분 잊는다. 그중에서 하나의 비유, 한마디 유머라도 깊이 각인시킬 수 있으면 성공이다. 소신 있는 제안을 했다가 회사에서 잘린 제리가 동료들이 일하는 가운데서 시키지도 않은 퇴사 스피치를 할 때 가장 강렬했던 부분은 물고기의 비유다! 인간관계의 기본이 매너임을 설파하며 엉뚱하게 '이 물고기도 그쯤은 안다'며 수족관에서 잘 노는 고기 하나를 비닐봉지에 담는 부분은 단연 하이라이트다. '사람들 사이의 매너를 모르는 너희 같은 것들보다 이 물고기가 더 낫다'는 강렬한 비꼬기가 들어간 이 퍼포먼스는 그가 했던 나머지 말보다 훨씬 오래 기억에 남는다.

직설적이고 관념적인 말은 금방 듣는 사람을 지루하게 만든다. 풍부한 비유나 사례, 책이나 다른 사람의 말을 인용하면 듣는 사람이 재미있게 느끼며 오래 기억한다. 맥아더 장군은 위인의 말, 연극 대사, 대통령 연설, 철학자의 이야기와 성경에서 인용한 구절 등을 인용하면서 연설하기로 유명했다. 그냥 용기를 내자, 나라를 위해서 이 한 목숨 기꺼이 바치자, 하는 직설적인 말로는 부하들을 감동시키고 마음을 움직일 수 없다는 것을 잘 알고 있었다.

지도자의 요람을 뒤흔드는 카리스마, 〈여인의 향기〉

못된 짓을 한 친구들을 밀고하지 않고 침묵을 지켜 퇴학 위기에 몰린 찰리. 이를 대신해 전교생이 모인 상벌위원회에서 웅변하는 앞 못 보는 퇴역중령 슬레이트의 연설은 교장의 비뚤어진 권위를 압도하는 카리스마가 있다.

리더는 말하기에서 소중하게 지키고 싶은 가치를 양보해서는 안 된다. 그것이 그 사람의 브랜드이고, 그 사람이 걸어온 삶의 모습을 그대로 투영하는 것이기 때문에 타협해서는 안 된다. 양보할 수 없는 소중한 가치를 설파할 때는 열정적인 태도로 말하고, 슬레이트처럼 짱짱하고 기백 있는 목소리, 빈틈없는 논리가 더해진다면 금상첨화다.

또한 리더는 말 이외에서도 바른 몸가짐과 자세가 또 다른 언어임을 잊어서는 안 된다. 설득이 필요한 일일수록, 뭔가 행동을 이끌어내야 할수록 비언어적 스킬에도 각별한 주의를 기울여야 한다. 앞을 볼 수 없지만 언제나 반듯하고 단정한 헤어스타일과 몸에 딱 맞는 수트 차림을 하는 슬레이트 중령에게선 함부로 대할 수 없는 위엄이 느껴지는 것처럼 말이다.

꿈의 전당포에서 되찾아야 할 1순위

막 입사했을 땐 하고 싶은 일이 많았다. 복사를 하고 물건을 나르고 심부름을 하면서도 꿈의 크기가 넉넉했기에 무엇을 하라고 해도 뜨거운 힘이 솟았다. 무엇이든 다 할 수 있을 것 같았다. 그런데 북극의 얼음 녹는 속도가 빨라졌다더니 내 마음에도 흘러든 것인지, 뜨거웠던 열정의 온도는 어느새 미지근해졌다.

꿈을 이루었거나 성공한 사람들은 그렇게 될 수 있었던 이유를 '열정'에서 찾는다. 반대로 실패에 무릎 꿇은 사람들은 '재능이 없었다' 혹은 '운이 없었다'는 데서 실패의 이유를 찾는다. '재능'에 의지해 꿈을 이루려고 하는 사람들의 끝은 그렇게 짧다. 설령 남다른 재능이 있는 사람이었다고 해도 재능만 있고 열정이 없다면 위기와 마주했을 때 빠르게 백기를 든다. 타고난 재능은 좀 부족해도 열정적인 사람은 그 부족분을 노력과 근성으로 메운다. '뭔가 끝까지 할 수 있는 힘'이 근성인데, 그 힘이 꿈을 이루게 하고 성공하게 만든다.

박지성 선수는 마라도나나 리오넬 메시처럼 타고난 축구천재라고 하기는 어렵다. 맨체스터 유나이티드 소속일 때 '지치지 않는 산소 탱크'라는 별명이 같은 한국인의 마음을 때때로 아리게 하는 건, 당시 나이 30세였는데 그 역시 힘들지 않을 리 없을 것이라는 데 생각이 미치기 때문이다. 더 나이 어린 선수들에게도 밀리지 않으며 그라운드 이쪽 끝에서 저쪽 끝까지 누비는 힘이 타고난 재능의 부족분을 메우려는 치열한 노력과 근성에서 나온 것임을 알기 때문이다. 그래도 그가 행복할 것이라고 믿게 되는 건, 그 모든 것이 축구에 대한 열정에서 나오기 때문이다.

모두 퇴근한 사무실에서 한번쯤 반문해보자. '난 이 일에는 재능이 없어'라고 생각하는 사람인가? 재능이 없기 때문에 노력해도 별반 나아질 것 같지 않은가? 그래서 도전하지 않게 되는가? 이런 질문들에 조금이라도 뜨끔하다면 그래도 희망이 있다. 재능이 없는 것에 절망할 것이 아니라 열정이 사라진 것에 화들짝 놀라야 한다.

열정과 꿈은 샴쌍둥이다. 떼어놓고 생각할 수 없다. 꿈은 열정으로 현실이 되고, 열정은 꿈에서 에너지를 생산한다. 늘 꿈을 꾸고 목표에서 눈을 떼지 않는 사람은 열정적인 플레이를 한다. 하지만 그럼에도 불구하고 실패할 수 있다. 한 번이 아니라 백 번도 넘게 실패할 수 있다. 하지만 백 번도 넘게 실패한 사람은 결국 백 번 이상의 도전을 한 사람이다. IBM

의 창업자인 토마스 왓슨은 "성공 확률을 높이는 유일한 방법은 실패 확률을 높이는 것"이라고 했다.

유럽 투자의 지성 앙드레 코스톨라니는 인생에서 자신이 너무 비참해 자살을 할 정도로 수차례 파산했었고, 리처드 브랜슨은 난독증을 핸디캡으로 가지고 있으며 끊임없는 실패에도 불구하고 지속적인 도전으로 200개의 계열회사를 가진 버진그룹을 세웠다. 에디슨은 2천 번의 실패 끝에 백열전구를 발명했고 "실패는 실험일 뿐"이라고 했다.

100미터 달리기를 하는데 첫 10미터에서 낮은 허들이 있다고 하자. 의지가 별로 없거나 매사 부정적인 사람은 벌써 이 지점에서 포기한다. 그러나 좀 더 의지가 굳고 자신감을 가진 사람이라면 장애물을 극복할 수 있는 방법을 찾기 위해 연구하고 노력할 것이다. 또한 바로 다음 장애물에 다다랐을 때 어떻게 뛰어야 할지도 빠르게 결정할 것이다. 이렇게 계속하다 보면 결승선에 도착하기 전에 가장 높은 허들과 만난다. 이 사람은 이 높은 허들을 뛰어넘을 수 있을까? 없을까?

상상하자. 잘하는 상상, 박수 받는 상상, 환호 받는 상상, 성공하는 상상, 이런 이미지 트레이닝은 자신감에 훌륭한 거름이 된다. 긍정적인 자세로 살아가는 사람은 슬럼프에 빠지거나 실패를 해도 훌훌 털고 일어설 줄 아는 여유가 있다. 하지만 부정적인 자세로 세상을 보는 사람에게는 정신적ㆍ육체적 피곤이 지배한다. 진정한 자신감은 상사가 뭐라고 하든, 남들이 자신에 대해 모함을 하든 흔들림이 없다. 다른 사람이 자신에 대해 어떻게 생각할지 신경 쓰지 않는다. 외부적인 요인으로 자신이 쉽사리 휩쓸리거나 흔들리지 않는다. 열정의 발화점은 자신에 대한 신뢰, 내면의 자신감이 충만한 바로 그 지점이다. 내적 자신감을 꾸준히 키워 열정의 불쏘시개로 쓴다면 그 불은 쉽사리 꺼지지 않을 것이다.

넘어질 때마다 뭔가를 주워요

실패는 성공을 위한 밑거름이라고 하지만 누구도 실패를 경험하고 싶어 하진 않는다. 좌절감을 딛고 다시 일어서는 일이 너무 어렵고 두렵다. 회사는 실수를 두려워하지 말라지만 실제로 실패한 직원을 믿고 다시 도전할 수 있는 기회를 흔쾌히 주는 기업은 생각보다 많지 않다. 하지만 실패를 경험할 때마다 빠르게 극복하고 일어서는 기업이 확실히 강해진다. 조직은 실패를 너그럽게 용인해야 한다. 개인 역시 자신의 실패에 위축되지 않고 일어설 때 핵심인재로 거듭난다.

긍정심리학의 권위자인 마틴 셀리그만Martin Seligman은 성공하는 사람들의 특성 중 하나는 '노력해도 소용없다'가 아니라 '노력하면 바뀔 수 있다'고 긍정적으로 생각하는 점이라고 했다. 반대로 실패에서 일어서지 못하는 사람의 특징은 열정과 자신감 부족을 들 수 있다. 이들은 금방 '난 이게 한계야' 하고 좌절하고 만다. 이런 생각은 자신의 단점이 실패의 주된 요인이라는 생각을 떨치지 못하게 해서 실패를 반복하게 만든다.

DNA가 세포의 기본적인 유전물질임을 밝혀낸 사람은 미국의 생물학자 오스왈드 에이버리다. 에이버리는 수년간 셀 수 없이 많은 실험을 했는데 실패가 되풀이됐다. 그래도 그는 포기하지 않고 계속 실험했다. 주위 사람들이 안타까워 물었다고 한다. "에이, 그렇게 계속 실패만 하고 이제 지치지 않나요?" 그러자 에이버리는 태연하게 웃으며 이렇게 말했다고 한다. "전혀요. 넘어질 때마다 뭔가를 주워서 일어나거든요."

실패나 실수를 했다면 책임을 회피하기보다는 실패의 원인을 알고 분명히 인정하는 것에서부터 새로운 도전이 시작되는 것이다. 자기 변명의 유혹을 뿌리치면 현재의 문제점에 집중할 수 있다. 침착하고 이성적인 판단으로 실패가 자신의 노력 부족인지, 업무 자체나 상황의 문제였는지 여러 각도에서 분석한다면 최선의 대책을 모색할 수 있다.

당신이 리더라면 이젠 '누가 잘못했는가' 하는 질문보다는 '왜 이런 일이 생겼는가' 하는 쪽으로 질문을 바꿔야 한다. '사람'보다 '일'에 초점을 맞추면 '누가 잘못했나'라는 질문 대신에 '누가 그 상황에 적절하게 대처했고, 누가 그러지 못했는가'를 물어야 한다. 이를 통해 실패를 책임감 있게 처리하고, 실패를 통해 배우며, 같은 실패를 반복하지 않는 조직문화를 만들 수 있게 된다.

에디슨은 약 1,100여 건의 크고 작은 발명을 통해 '발명의 대가'가 되었지만, 반면 '실패의 대가'이기도 했다. 그가 백열전구를 발명한 것은 알지만, 400번의 실패 끝에 온 성공이라는 사실을 알면서도 우리는 쉽게 잊는다. 백열전구의 필라멘트 소재로 시험해본 것은 면사부터 대나무 섬유, 아마존 원산 종이부터 일본 교토의 대나무까지 400여 개가 넘었다. 그는 자신의 실패를 기록하고 정리했다. 하지만 그것을 두고 '실패 노트'라고 하면 에디슨은 펄쩍 뛰며 살아나 화를 낼지 모른다. 그는 생전에 "나는 실패한 것이 아니다. 400번으로도 잘하는 방법을 발견하지 못한 것이다"라고 말해왔다. 에디슨에게 실패는 성공의 과정일 뿐이었다. 실패를 실패로 생각하지 않고 그것에서 배웠다는 점이 그를 성공에 이르게 한 가장 큰 힘이었을 것이다.

실패를 배우는 가장 좋은 방법은 기록하는 것이다. 그냥 머릿속에서 잊지 않겠다고 다짐하는 것만으로는 부족하다. 잘 기록한 '실패 노트'는 귀중한 '성공 교과서'가 될 수 있다. 꼭 어떤 형식이어야 하는 것은 없다. 실패하고 분석하고 대안을 생각하고 개선하는 변화 과정을 기록하고 정기적으로 검토하는 시간을 만들어보자. 이때도 실패의 결과에 집중해 앞으로 실패를 줄이고 성취의 가능성을 높이는 데 집중한다.

기록이 쌓이면 데이터가 된다. 실패의 과정에서 발생한 자신의 동일한 패턴을 발견할 수도 있다. 이것은 비슷한 유형의 실패를 반복하지 않을 예방접종이 될 것이다. 더 나아가 공유를 허락한다면 조직의 중요한 기록물로도 활용될 것이다.

'포스트잇'의 성공은 종종 3M의 창의적 사고와 진취성을 잘 드러낸 사례로 자주 인용된다. 어디에나 쉽게 붙지만 그만큼 금방 떨어지는 포스트잇은 잘 떨어져 나간다는 단점이 성공의 핵심 요인이다. 아무런 흔적 없이 매끈하게 떼어낼 수 있기 때문이다. 3M의 대표 상품이자 효자 상품인 포스트잇은 동료가 만들다가 실패한 풀 이야기를 듣고 착안한 다른 동료의 아이디어 상품이다. 실패의 경험을 공유하는 기업 문화가 있었기에 탄생할 수 있었던 상품이다.

또 맥도날드 햄버거 대학은 실패를 체험할 수 있는 학교다. 고객의 불만을 미리 생각해보고 어떻게 고객 불만에 대응해야 할지를 배우면서 가상 실패 체험을 거치면 실패의 고통스러운 순간이 마음속 깊이 새겨진다. 이를 통해 실패를 반복하거나 치명적인 실패를 하지 않고도 실패에 대한 지식을 얻을 수 있다.

같은 분야의 일을 하는 동료끼리 서로 실패 사례를 공유해보자. 나의 실패를 다른 사람은 겪지 않았으면 하는 생각이 있다면, 실패를 자기 성장에 활용하는 데 그치지 않고 조직 전체의 학습 자료로 활용하도록 용기 내는 일이 한결 쉬워질 것이다. '실패 공유회' '실패 나눔회' 같은 동아리나 스터디그룹을 만드는 것도 의미 있다. 거기서 맥도날드 햄버거 대학처럼 실패의 시뮬레이션을 미리 돌려보는 것은 어떨까. 일하는 과정에서 일어날 수 있는 실패의 가능성을 생각해보고 상황별 대비책을 준비하는 것이다.

이제 실패를 대하는 관점이 바뀌어야 한다. 발전하고 성공으로 나아가려면 실패는 하지 않아야 하는 두려움의 대상으로 마주하는 것이 아니라 누구나 겪을 수 있는 학습의 기회로 바라보고, 이에 당당하게 맞서는 태도가 필요하다.

그래도 나에게는 왼손이 있습니다

우리는 상식적으로 설명하거나 납득하기 어려운 일을 당한 경우, 사람의 힘만으로는 결코 해낼 수 없는 일이 벌어졌을 때 '기적'이라고 말한다. 기적은 일어나기 힘든 일인 만큼 보통 사람들은 나와 별개의 일로 생각한다. 남에게는 일어날 수 있는 일이지만 나에게는 일어나지 않는 일이라 생각하는 것이다. 아마 그들도 그렇게 생각하며 살아왔던 보통 사람들이었을 것이다.

2010년 매몰된 갱도에서 69일 만에 기적적으로 생환해 전 세계 사람들을 벅찬 감동으로 몰아넣었던 33인의 칠레 광부들. 그들 역시 그 사고가 있기 전에는 '기적은 남들에게나 일어나는 일'쯤으로 생각하며 살아왔을 보통 사람이었다.

700미터 지하의 좁은 공간에서 불안과 공포, 무더위와 굶주림과 싸우며 하루하루를 살아간다는 것 자체가 바로 지옥이다. 하지만 그들은 살 수 있을 거라는 믿음을 버리지 않고 '희망'이라는 눈에 보이지 않는 씨앗을 심고 키움으로써 생명 연장의 드라마를 이어갔다. 한 광부는 사제司祭처럼 기도를 유도했고, 한 광부는 수로를 정비했으며, 한 광부는 식량을 엄격히 배분했다. 또 한 광부는 자동차 배터리를 이용해 조명장치를 만들어 낮과 밤을 구분했고, 한 광부는 동료들을 치료했다. 갇혔지만 희망을 버리지 않은 보통 사람들이 만든 기적의 순간이었다.

절박한 상황일 때 잡은 하나의 희망이 기적의 씨앗이 되는 건 목표에 집중하게 만들기 때문이다. 관록의 배우 윤여정 씨는 "배우는 돈이 없을 때 가장 좋은 연기를 한다"는 말을 해서 웃음을 주었다. 우리가 웃으면서도 고개를 끄덕일 수 있었던 건, 절박함이 있고 희망이 있을 때 거기에 집중한다는 것을 체험으로 알고 있기 때문이다.

두 올림픽에서 연속 금메달을 딴 헝가리 사격선수 카로리 타카스. 그는 1929년부터 1938년까지 헝가리 국가대표 사격선수로 각종 대회에 출전했다. 그러다가 1938년 군 복무 중 수류탄 폭발사고로 사격선수의 생명과 같은 오른팔을 잃고 만다. 하지만 그는 포기하지 않고 자신에게 아직 왼손이 남아 있다는 사실에 희망을 걸었다. 오른손이 했는데 왼손이 못할 이유가 없다, 의지와 의욕의 문제라고 자신을 채찍질하며 다시 권총을 잡았다. 그러고는 왼손 훈련에 집중했다. 새로 시작하는 것과 다름없었다.

익숙하지 않은 왼손에 한 팔이 없어 몸의 균형 잡기도 만만치가 않았지만 정확한 자세로 오른손만큼 재빠르게 왼손을 놀리게 되기까지 1년밖에 걸리지 않았다. 결국 1939년 세계선수권대회에서 우승하고, 세계대전으로 10년 후에나 열린 1948년 런던 올림픽, 1952년 헬싱키 올림픽에서도 연속 우승한다. 헬싱키 올림픽에 출전했을 때 그의 나이 42세였다.

올림픽 영웅은 이런 인물을 두고 하는 말일 것이다. 고통 속에서도 치열한 자기관리를 게을리 하지 않고 자신과의 싸움에서 이긴 카로리 타카스와 같은 사람이 진정한 영웅이다. 신념이 단단할수록 집중력은 더 높아진다. 집중력은 학업에서부터 힘겨운 업무를 감내하는 것까지 다양한 영역에서 능력을 발휘하지만 단순히 '모든 것이 잘될 거야'라고 믿는 낙관주의로만 되지 않는다. 영국의 철학자 존 스튜어트 밀이 "희망을 갖고 있는 한, 사람의 힘은 관심만 가지고 있는 아흔아홉 사람의 힘과 같다"고 말한 것과 같은 맥락이다.

카로리 타카스가 했던 "그래도 내게는 왼손이 있습니다"라는 말은 단순히 낙관주의가 아니라 신념이며 희망이다. 이런 사람들은 어려운 도전이나 실패에 처해도 패배주의적 태도나 불안, 우울 증세 따위에 굴복하지 않게 된다. 실제로 희망을 가진 사람들일수록 자신의 목표를 이루기 위한 생활에서 그렇지 못한 사람들보다 우울한 감정을 경험하는 빈도가 훨씬 낮고, 전반적으로 불안이나 감정적 스트레스도 적게 나타난다고 한다. 희망을 버리지 않으면 실패는 '끝'이 아니라 당연한 '통과의례'로 여기게 되기 때문이다.

중증장애인으로 팔 다리가 없는 닉 부이치치처럼 자신을 사랑하는 사람은 늘 희망이 솟아나는 샘물을 하나씩 가지고 있다. 그는 가족의 지원과 사랑으로 자신의 중증장애를 이겨냈지만, 무엇보다 자신을 사랑하는 마음으로 스스로 희망을 일으켜 세웠다. 남들과 다르지만, 세상에 특별히 기여할 수 있는 자신에 대한 믿음과 애정이 가득했던 것이다.

작가 이외수는 짧은 글로 오늘을 힘겹게 살아가는 우리의 어깨를 토닥이며 큰 울림을 준다. 나를 위로하고 좀 더 사랑하게 하며, 나를 부자로 만들어주는 말이 있다.

"희망에 임자가 따로 있나요. 당신이 가지면 당신이 임자입니다."

성공을 예감하는 실패 조절법

안 하면 안 될 것 같다. 옆자리의 동료도 했고 직속 상사도 했다. 모두 자신만의 계획과 목표를 세우고 실천 중이다. 그런데 옆에서 "계획 세우면 뭐해? 그냥 안 세우고 안 실패하는 게 낫지." 하며 초를 치는 사람도 있다. 정말 계획 세우면 뭐하나? 한 번도 끝까지 해본 적이 없으니 목표를 달성했을 때 그 상쾌하고 뿌듯한 기분을 느껴본 게 언제인지 모르겠다. 늘 자신의 의지박약을 탓하지만, 그래봐야 그런 생각은 못 끊은 담배처럼 몸에만 해롭다. 그러면서 또 계획을 세워보지만 미리 실패를 예감하면서 세우는 계획이라면 너무 슬프지 않은가. 내가 의지가 약해서가 아니다. 당신을 용서하라. 그리고 당신에게 이제까지 생각지 못했던 파격적이고 너그러운 처방을 해보자.

목표는 높아야 제맛이다?

그러니까 실패한다. 너무 욕심을 내서 지나치게 높은 목표를 세우는 사람들이 있다. 단번에 성적을 전교 100등을 올리겠다든가, 몇 년 안에 몇 억을 벌겠다든가, 몸무게를 한 달 만에 10킬로그램을 빼겠다든가 하는 식으로 비현실적인 목표를 세우면 안 된다. 자기 자신을 냉정하게 분석해서 할 수 있는 목표여야 지치지 않는다. '이 정도면 만만하다'는 생각이 들 정도의 수준이면 적당하다.

100점 아니면 다 빵점이다?

그러니까 조금 하다가 이내 '실패!'라고 낙인찍으며 쓰라린 자기학대를 한다. 목표는 고정적이라도 실행하는 과정은 지속적으로 수정해나가야 질힐 수 있다. 처음 세운 계획에만 집착해서 잘 실행하면 100점, 중간에 삐끗하면 다 빵점 처리하는 건 포기하게 되는 지름길이다.

자신이 일하거나 노력하는 진짜 목표는 어떤 것을 이루어가기 위한 과정, 그 자체에 있다. 과정을 소중하게 생각하고 치하하며 격려해야 한다. 등산 초보가 유달리 정상을 찍는 일에 집착한다. 등산 베테랑은 산이 좋아서 오르는 것, 차근차근 자신의 페이스대로 오르다가 7부 능선쯤에서 돌연 하산길로 방향을 바꿀 수도 있다. 그렇다고 그만큼이라도 산에 올랐던 즐거움이 사라지는 건 아니다. 7부 능선까지 간 자신을 대견하고 자랑스럽게 생각하자. 이 칭찬은 결국 정상을 오르게 하는 힘이 된다.

실수는 실패다?

언제부터 그렇게 자신에게 엄격했을까? 평소 모든 생활에 엄격하고 철저하지 않았으면서 유독 처음 계획을 세울 때 엄격하게 구는 건 실패를 자초하는 길이다. 실수할 수 있다는 점을 인정해야 포기하지 않고 계속 실행하는 데 힘이 된다.

만약 금연을 목표로 삼았다고 하자. 어느 날 친구의 유혹에 굴복해 담배 한 개비를 피웠다고 '또 실패야. 난 역시 의지박약이라 안 돼'라고 하기 쉽다. 이렇게 자신을 비난해서 얻을 건 아무것도 없다. 이럴 때는 '그래, 오늘은 담배 한 개비를 피웠지만 다시는 안 그럴 거야'라고 다짐하며 결심을 이어가야 한다. 전문가들은 담배나 알코올, 약물 금지 맹세의 경우 첫해에 약 85퍼센트의 사람들은 적어도 한 번 이상 유혹에 넘어가지만, 그걸 실패로 규정하지 않고 계속 지키려고 노력하면 결국 성공한다고 말한다.

시시하고 사소한 계획은 맛이 없다?

뜬구름 잡는 스타일은 그런 맛만 볼 수밖에 없다. 사실 소소하고 작은 계획일수록 실천을 잘하게 되고 즐거움도 크다. 예를 들면 이번 주 안에 무슨 책을 볼 예정이라든가, 이번 주에는 용돈 중 얼마를 저금할 것이라든가, 오늘은 담배를 몇 개비 줄일 것이라든가, 혹은 하루에 한 시간 이상은 걷겠다든가 하는 식의 아주 사소한 계획을 실천하는 데서 만족과 행복을 얻는다. 더 멀고 더 높은 목표에 집착하느라 서서히 지쳐가는 것보다 훨씬 성숙하고 성공적인 생활을 이어갈 수 있다. 미래란 오늘의 연장. 1년 계획, 인생의 중장기 계획도 물론 중요하지만, 하루 생활에 성실하면 결국 계획한 것은 대부분 이룰 수 있다. 작고 소소하고 재미있는 계획을 개발하자.

기록은 유치하다?

우리는 뭐든 눈에 보이는 것을 좋아한다. 다이어트할 계획이라면 건강한 음식을 적당히 먹고 패스트푸드나 외식을 줄여야 한다. 어떤 방법으로 음식 습관을 개선할 것인지 구체적인 계획을 세워야 한다. 특히 실천 일기를 쓰면 더욱 도움이 된다. 기록하는 사람은 그렇지 않은 사람보다 목표를 더 잘 달성한다는 연구도 있다. 예를 들면 운동을 할 수 없었던 피치 못할 사정, 담배를 피하기 어려웠던 상황을 일일이 기록하면 자신을 비난하지 않고 또다시 같은 상황에 놓이게 될 때 대처방법도 찾을 수 있다.

언제 무엇을 할지만 계획하면 된다?

이제까지 안 해본 방법일 수 있다. 지금까진 언제 무엇을 할지 시간만 계획했지만 올해는 그 일을 할 장소에 대한 계획도 세운다. 종교 시설에 들어가면 저절로 옷매무새를 고치고 엄숙한 마음가짐이 되는 것처럼 장소는 어떤 행동을 이끌어내는 힘이 있다. 좀 일찍 자려고 누웠는데 잠이 잘 안 온다면 평소 잠자리에서 이런저런 다른 일들을 했을 가능성이 크다. 침대에선 잠만 자자. 하기 싫어도 일단 학원까지만 가면, 헬스클럽까지만 가면 하게 된다는 사람이 많다. 오늘은 정말 하기 싫어도 일단 학원까지, 헬스클럽까지 가자. 그래도 정 싫으면 다시 돌아올지언정 일단 해야 할 장소에 머무는 것이다.

참는 것이 늘 이긴다?

금연에 성공한 사람들 이야기를 들어보면, 흡연 충동을 의지력으로 참으려 하기보다 아예 마음에서 지우는 것이 더 효과적이었다고 말한다.

담배를 참는 것보다는 운동을 하면서 담배 생각을 잊었다는 것. TV에서 어린이를 대상으로 한 '마시멜로 실험'에서도 증명된다. 유아기 아이들을 대상으로 마시멜로를 나누어주고, 그 마시멜로를 15분 동안 먹지 않고 참으면 돌아와서 2배로 준다고 약속했다. 거기서 유혹을 이겨낸 아이들은 창밖을 쳐다보거나 다른 곳을 응시하며 앞에 있는 마시멜로의 존재를 무시하고 관심을 다른 쪽으로 돌리려고 노력했던 아이들이었다. 참는 것이 능사가 아니다. 초인적인 의지력을 시험하기보다 내 관심을 자꾸 다른 데로 이동시키는 것이 가장 현명하다.

슬럼프에 빠진 내게 밧줄을 던지는 법

하루를 열심히 사는 사람에게도 어느 순간 불현듯 찾아오는 불청객이 있으니 '무기력'이다. 무기력은 바로 슬럼프로 갈아타기 쉬운 조건이다. 그러니 완전히 방전되기 전에 충전해야 한다. 전문직 종사자는 안식년이라는 것도 있다는데, 직장인에게는 호화로운 꿈일 뿐이다. 백수를 자처하지 않는 이상 어림도 없다. 힘을 내서 에너지도 열정도 다시 충전하는 방법이 있다.

돌봐라

모든 부정적인 사고를 씻어내고 의식적으로 긍정적인 생각으로 자꾸 채우며 자신의 심리를 돌본다. 이게 쉬우면 슬럼프겠냐 하겠지만, 아이를 잃은 평범한 30대 주부에서 유학이나 외국체류 경험 없이 동시통역사가 되어 유명해진 일본의 신자키 류코의 말을 들으면 가능해진다. 그는 "사람의 노력은 녹말가루와 같다"고 했다. 따뜻한 물에 녹말가루를 갤 때 처음엔 이게 안 되는 거 아닌가 싶은 생각이 드는 순간, 갑자기 스푼이 묵직해지며 잘 개진다는 것. 사람의 노력도 처음엔 아무리 해도 안 된다고 말하지만, 조금만 더 저어주면 되는 녹말가루처럼 분명히 원하는 대로 된다는 것이다.

이 말처럼 먼저 자신의 삶 중에서 그래도 괜찮다 싶은 다른 부분에 생각을 집중하라. 일 이외의 다른 즐거운 삶이 없다면 지금부터 만들면 된다. 책을 읽거나 강의를 들으며 새로운 지식을 통해 시각을 넓히는 여가부터 만들어간다. 가장 중요한 건 무얼 하든 스스로 비난하지 말고 평소보다 더욱 자신을 어루만지고 자신에게 친절해지는 것이다. 불안이나 불만 때문에 자신을 학대하지 않아야 한다.

심플하라

늘 하던 똑같은 일도 그 양이나 가짓수가 배로 많게 느껴진다. 평소보다 할 일을 시원하게 줄여주는 센스가 필요하다. 《더 단순하게 살아라》의 저자 로타르 J. 자이베르트가 책의 처음에서 끝까지 여러 차례 강조하는 말이 있는데, "일은 적게, 질은 훌륭하게"다.

최소한만 일하고 계획을 세우지 마라. 주변에 큰 지장을 주는 일이 아니라면 하기 싫거나 번거로운 일은 과감히 하지 않는 게 좋다. 생활의 속도를 한 템포 줄이고 복잡한 것을 가지치기하자. 긴장을 풀고, 스스로에게 휴식을 줄 수 있는 일을 찾는다. 퇴근 후 모임이나 약속도 거절하거나 다음으로 미루고 집에 돌아와 차라리 청소를 시작한다. 날 잡아 컴퓨터

파일을 정리하고 책상 속이나 위, 그 주변을 말끔히 정리하고 버릴 것은 완벽하게 버리자. 조직의 목표가 아닌 개인의 목표라면 모호한 큰 계획에 숨 막히지 말고 과감히 버려라. 남은 정예 목표를 여러 개로 쪼개어 시차를 두고 하나씩 달성하도록 하자.

경쟁하지 마라

타인과 비교하고 경쟁하기 시작하면 끝이 없다. 정상에 오른 성공한 사람들은 타인과 비교하지 않고 자기 자신하고만 경쟁했다. 다른 사람들이 어떻게 하느냐에 자신의 행동 지침을 정하지 않고, 이미 자신이 하고 있는 일을 체계적으로 전문화, 프로화 해나간다고 생각해야 한다. 거기서 '10분의 8' 황금비율을 잊지 말고 지켜나가면 된다. 보통 한 사람에게 적당한 식사량이 자기 밥그릇의 10분의 8이라고 볼 때, 인간관계에서 느끼는 기대감이나 욕망의 수준도 80퍼센트 정도의 수준으로 갖는 것이 좋다. 약간의 여유를 두어야 내 삶이 편안해진다.

움직여라

어떤 원인으로 생긴 무기력이든 만병통치약처럼 쓰이는 한 가지 처방은, 억지로라도 몸을 움직여주는 것이다. 손 하나 까닥하기 싫은데 무슨 소리냐고 할 사람도 있겠지만, 특히 정신적인 스트레스를 받은 경우일수록 이 처방은 더욱 효과가 크다. 농부나 건설노동자, 청소부와 같이 몸을 써서 일하는 사람들에게는 일 자체에 대한 스트레스가 훨씬 적다. 산소를 몸속에 많이 넣어준다는 것은 몸을 추스르는 것이며, 따라서 정신을 가다듬는 기회를 준다.

거창한 운동 계획 필요 없이 걷자. 그냥 걷지 말고 보폭을 평소보다 크게 하고, 팔을 크게 흔들면서 걷는다. 기업의 경영자들이 꼭 한 가지 이상의 운동을 하는 건, 몸도 몸이지만 운동을 통해 빈틈없는 스케줄과 결정권자만이 갖는 강도 높은 스트레스를 이겨내는 힘을 기르는 것이다. 일단 무거운 몸이라도 억지로 움직여보라. '어, 괜찮네!' 하는 날이 생각보다 빨리 온다.

대화하라

만나서 즐거운 사람, 만나고 싶은 사람, 보고 싶은 사람, 내게 힘이 되는 사람을 편안하게 만난다. 그저 마음 가는 대로 편안하게 계산하지 않고 인간적인 정을 나눈다. 많은 사람들이 자신의 실패담 이야기를 즐기는데, 우울한 잠재의식은 그러한 실패담을 그냥 지나치지 않는다. 어딘가 잘 보관했다가 언젠가는 다시 끄집어낼 것이다.

당신이 "나는 정말 형편없어. 실망이야. 비참한 날이야. 도움이 안 되는 동료들뿐이야. 형편없는 직장이야"라고 푸념할 때 당신의 잠재의식은 '그래? 네가 그렇다면 그게 사실이겠지'라고 달콤하게 속삭일 것이다. 그런데 그 달콤함은 이를 썩게 하는 사탕 같은 것. 좀 더 긍정적인 대화, 예를 들면 기분 좋은 사람 이야기, 좋은 것을 떠오르게 하는 이야기, 나보다 더 불행한 삶을 살았던 사람이 그것을 극복한 이야기들로 채워보자. 점차 자연스럽게 나를 긍정하게 될 것이다.

몰아주라

카네기는 "우리는 일 년 후면 다 잊어버릴 슬픔을 간직하느라고 무엇

과도 바꿀 수 없는 소중한 시간을 버리고 있다. 소심하게 굴기에 인생은 너무나 짧다"라고 했다. 우리도 이제 슬퍼하지 말고 시간 계산도 잠시 하지 않는 게 좋겠다.

하고 싶은 일에 시간을 몰아주자. 생활을 단순하게 디자인해야 하는 이유도 좋아하는 일을 위해 시간을 만들어주기 위해서다. 평소 기분 좋은 일, 기분 좋게 했던 일, 할 땐 몰랐는데 하고 나니까 기분 좋았던 일들을 꼼꼼히 찾아내서 그것을 맘껏 해보자. 열 가지 생각보다 한 가지를 해보는 용기가 자신을 놀랍게 변화시킨다. '난 안 돼, 난 못났어. 난 못 하겠어' 하는 생각으로 자꾸 자신을 병들게 할 것이 아니라, '넌 잘해. 넌 할 수 있어. 그래도 해봐야지. 지난번에도 해냈잖아' 하는 칭찬을 내적으로 끊임없이 하는 거다.

Action talk

Q & A 업무 스트레스를 가볍게 요리하고 싶어요

"일다운 일을 하고 싶어요."

Q 저는 3년차 직장 여성입니다. 제 고민은 일다운 일을 하고 싶은데, 그런 일이 잘 주어지지 않는다는 점입니다. 책임감과 부담감이 양 어깨에 묵직하게 놓여도 좋습니다. 박수 받을 주연의 자리는 다른 사람이 꿰차고, 늘 저는 여주인공의 눈치 없는 친구 역할이나 단역에 불과한 역할만 주어지니 너무 속상하고 눈물이 납니다. 제 실력과 능력 말고도 다른 뭔가가 제게 없어서 그런 걸까요?

A 어떤 일을 성공적으로 완성하는 과정에서 하는 일 중에 '허집한' 일이란 없습니다. 눈치 없는 여주인공의 친구가 아니라면 남녀 주인공은 만날 일이 반으로 줄어들 것입니다. 사랑의 메신저 역할이 없다면 두 주인공은 어쩔 수 없이 헤어질지도 모르죠.
중요한 일을 해야 중요한 사람이 되는 게 아니라 자신의 일을 중요하게 해야 중요한 사람이 됩니다. 어떤 일이든 스스로 중요하다고 여길 때 중요해집니다. 차를 대접하는 일이든, 복사든, 발송 업무든, 자료 정리든 이런 일을 할 사람이 없으면 일이 돌아가지 않습니다. 속상하다는 건, 중요한데 인정받지 못하는 일이 있다는 거죠. 혹시 일다운 일을 하고 싶다는 건, 인정받는 일을 하고 싶다는 마음 때문은 아닌지 반문해보세요. 근데 이상하죠? 인정받을 일을 좇으면 인정받기 힘듭니다. 돈만 좇으면 돈을 벌 수 없는 것처럼 말이죠. 이 일에 관해선 내가 책임자이자 전문가라고 생각하면 인정받는 것은 덤이고, 그 이상의 기회를 만들어낼 수 있습니다.

"실수를 털어버리지 못해 괴로워요."

Q 한때는 실수 자체가 두려웠습니다. 그런데 이제는 실수보다 실수를

떨쳐버리지 못하고 계속 '나는 이 정도밖에 안 되는 사람인가?' '사람들이 뭐라고 생각할까. 두고두고 내 실수를 기억하며 비웃을 거야' 라며 스스로를 질책하는 게 더 걱정입니다. 자꾸 제 자신의 단점까지 집착하며, 그게 실패의 주된 요인이라는 생각을 떨치지 못하고 실패를 반복하게 되니 이젠 지쳤어요. 지나간 실수는 좀 훌훌 털어버리고 가볍게 일하고 싶은 마음이 간절합니다.

A 미식축구 감독인 오토 그레이엄에게 미식축구 선수의 가장 중요한 자질이 무엇이냐고 물었습니다. 그는 이렇게 말했죠. "아주 짧은 기억력입니다. 조금 전에 받지 못한 패스를 금방 잊을 수 있는 능력이죠. 실수를 잊고 경기에 다시 집중할 수 있는 능력은 선수의 신체적 조건이나 공을 다루는 기술만큼 중요합니다."

좋지 않은 일일수록 빨리 잊는 것이 좋습니다. 생각보다 사람들은 내 실수를 오래 기억하지 않습니다. 그들도 나름대로 다 바쁘기 때문에 금방 잊죠. 마음에 담아두지 말고 괴로워하지 마세요. 그래도 잊히지 않는다면 차라리 제대로 기억하세요. 아예 기록해두는 겁니다. 괴로워만 할 게 아니라 실수를 왜 하게 되었는지, 냉정하게 분석하고 교훈을 정리하고 그것을 통해 발전하는 계기로 삼으세요. 결과에 집중해 좌절감을 느끼기보다는, 어떻게 하면 실수하지 않을 수 있을까 점검하고 피드백 하는 과정에서 실수를 줄이고 성취의 가능성을 높여나가길 바랍니다.

"거절을 못하는 제가 이용당하는 것 같아요."

Q 저는 거절을 못하는 게 병입니다. 동료들이 이것저것 부드러운 말로 업무적으로 부탁하거나 맡기면, 내 일로 바빠서 마음은 안 된다고 하면서도 입은 벌써 덜커덕 해주겠다고 말해버리는 겁니다. 가만히 생각해보니 요즘은 제 약한 마음을 동료들이 은근히 이용하는 것 같아 속이 상합니다. 제 일에 집중할 수 있도록 거절을 잘하는 방법 좀 알려주세요.

A 이런 스타일은 쉽게 변하기 힘듭니다. 거절 못 하고 승낙한 후의 괴로운 마음보다 거절해놓고 미안한 마음이 더 힘들기 때문에 거절을 못 하는 것이거든요. '에이, 내가 좀 힘들자.' 하는 건데, 이왕 그런 것은 도와주

었다 생각하고 잊으세요. 조직생활이란 게 도움을 주고받아야 하는 곳이니까요.

다만 거절을 못해서 결국 받아들였으면 좀 생색을 내거나 공짜가 없다는 식의 적당한 선긋기 멘트를 날려보세요. "이번에 내가 도와줄 테니 다음엔 선배가 도와줘야 해요." "세상에 공짜가 어디 있어? 그럼 나한텐 뭐 해줄 거야?" 하는 말을 해보는 건 거절의 말보다는 쉬울 거예요. 그리고 더 중요한 건 내가 뭘 해야 할지, 언제까지 해야 하는지 확실한 계획이 있다면 다른 사람에게 휘둘리지 않는다는 겁니다. "내가 언제까지 무엇을 해야 하기 때문에 오늘 이 부탁은 언제까지 무엇만큼만 도와줄 수 있다"고 명확하게 선을 그으세요. 그러면 거절하지 않으면서도 만만하게 보이지 않을 수 있습니다.

"상사와는 밥도 잘 못 먹겠어요."

Q 저는 신입사원 티를 겨우 벗은 직장인입니다. 업무가 어느 정도 손에 익어서 편안합니다. 그런데 문제는 회사에서 상사나 자주 뵙기 힘든 임원급들과 함께해야 할 자리가 너무나 힘이 든다는 겁니다. 내성적이고 말이 없는 편이라, 한두 마디 인사를 하고 나면 할 말도 없고 식은땀만 납니다. 상사 앞에서 실수하면 어쩌나 전전긍긍하느라 식사 자리에선 밥도 제대로 못 먹을 정도로 긴장합니다. 나이 지긋한 어른들이나 상사에게 사랑받는 자세나 행동의 비결은 무엇일까요?

A 사회초년생은 능력으로 조직에 기여하는 것이 아니라 열정으로 기여하는 것입니다. 상사들도 뭔가 큰 능력을 발휘하리라 기대하지 않습니다. 다만 자세를 봅니다. 뭔가 작은 것이라도 알려고 하고 배우려고 하는 자세, 열심히 하려는 자세가 보이면 '될성부른 떡잎'으로 평가합니다. 할 말이 없으면 뭔가 배우겠다는 생각으로 많은 걸 상사에게 물어보세요. 들을 땐 신기해하고 감탄하고 상사를 경이롭게 바라보면 됩니다. 상사는 그것만으로도 충분히 기쁠 겁니다.

상사들은 듣는 것보다 말하는 걸 더 좋아합니다. '고리타분하다, 재미없다, 안 통한다'는 편견을 버리면 훨씬 편안해질 겁니다. 그분들도 칭찬 한마디에 기뻐하고, 자식 걱정에 한숨짓는 보통의 사람입니다. 기분 좋은 얼굴로 예의는 지키되 귀염둥이 막내처럼 행동하세요. 실수를 해도 귀엽게 봐주실 거예요. 너무 잘 보이고 싶거나 부족한 모습을 들킬까 봐 걱정될 때 사람은 부자연스러워집니다. 그런 부담을 다 벗어버리고 열심히 질문하고 열심히 들으세요. 듣다 보면 해야 할 다른 행동도 또 알게 될 겁니다.

Chapter 6

통하는 사람이 되기 위한 법칙

Chapter 6

통하는 사람이 되기 위한 법칙

기본부터 다시 돌아보라

거리에서 마약을 팔던 젊은이였다가 힙합의 제왕이 된 '50센트'. 그가 베스트셀러 작가인 로버트 그린과 펴낸 책 《50번째 법칙》에는 눈여겨볼 문장이 있다. "현실은 꽤나 혹독할 수 있다. 하지만 헛된 욕망을 품는 대신 이러한 환경을 받아들이고 심지어 환영해야 한다. 현실에 대한 당신의 인식이 확고할수록 그것을 당신의 목적에 맞게 개조할 수 있는 힘을 갖게 된다."

정신분석학에서 가장 건강한 사람은 '지금, 여기'에 충실한 삶을 사는 사람이라고 한다. 성공했다는 사람 중에는 십여 년 동안 한 번도 휴가를 못 갔다는 사람도 있고, 일에만 빠져 지내다가 소홀하다 보니 이혼 등 가정에 심각한 문제가 생기기도 한다. '잘나간다'는 소리를 듣다가 건강을 잃고 오랫동안 병원 신세를 지기도 한다. 이들은 대부분 절박한 상황에 놓여서야 '현재의 나'를 돌보지 않았다는 것을 깨닫는다.

지금 하지 않으면 안 되는 일이 있다. 시기와 시간을 놓치면 어려운 일이 있다. 생활의 중심을 '더 나을 것이라 믿는' 미래에 저당 잡힌 채 '이 다음에 성공하면' '이 다음에 잘 살게 되면' '돈 좀 벌어서 기반을 잡게 되면'하는 습관적인 말로 묶어두지 마라. 그런 사람은 아무리 먼 미래가 현재가 되어도 또 그 앞의 미래를 위해 벗어날 수 없어서 시간의 노예가 될 것이다.

지금 하지 않으면 후회할 일들이 많다. 현실을 더 행복하게 살찌울 수 있는 소중한 일들의 목록이 필요하다. 그것을 이루어나가는 단순하고 단단한 실천으로 하루하루를 채워보자. 50센트가 말한 내 목적에 맞게 나를 개조할 수 있는 힘이 생긴다. 그것은 굳건한 현실 인식에서 온다.

힘들고 어려울 때일수록 필요한 것은 흔들리지 않는 자기 직업에 대한 철학과 기본적인 윤리 의식이다. 세계적인 리더들은 힘들수록 강해지고 어려울수록 지혜로워졌다. 대기업의 총수들이나 현장의 근로자들 역시 힘들고 어려울 때 단결하고 협력하며, 더욱 큰 비전을 그리고 투철한 사명감으로 무장했다. "신은 작은 데 있다"는 말을 새기며 평소 소홀했던 작은 문제를 찬찬히 점검하는 것이 필요하다. 매일 면도날을 갈아야 하는 사소한 불편함에 집중한 킹 질레트King Gillette는 일회용 면도기를 개발했다. 크고 대단한 생각만이 창조적 영감을 자극하지 않는다. 선입견에서 벗어난 사소함 속에서도 '안 되는 일'보다 '되는 일'을 찾으려는 노력을 기울여야 한다.

모든 큰일은 작은 일로부터 출발한다. '기본'은 곧잘 '작은 일'이 되어버린다. '뭐 이 정도야.' 하고 생각했던 일, 늘 하는 일이라 건성건성 했던 일, 중요하지 않다고 생각해서 최선을 다하지 않았던 일에 대한 가치를 되찾아야 한다. 고객을 맞이하는 예의 바른 태도와 행동에서 그 사람의 수준이 나타난다. 말과 글에도 인품과 성격이 배어 있다.

안정적인 환경에서는 시스템만으로도 별 사고 없이 잘 돌아가지만, 위기 속에서는 언제 돌발상황이 발생할지 모른다. 그 때문에 어려운 시대일수록 인재에 대한 의존도가 상대적으로 더욱 높아진다. 마음을 가다듬고 작은 일, 기초가 되는 일, 곧 기본으로 돌아가 명확한 목표를 세워보자.

1929년 대공황 때 미국의 실업률은 40퍼센트였다. 그야말로 살인적인 실업률이다. 그러나 거기서도 살아남은 사람이 더 많았다. 60퍼센트의 사람은 여전히 고용을 유지했다. 어떤 경쟁상황에서도 살아남기 위해서는 자신의 가치를 높이는 수밖에 없다. 자신의 가치, 곧 몸값을 높이는 방법에는 두 가지 방향이 있다. 하나는 자신만의 분야를 가진 전문가가 되거나 다른 사람으로 대체하기 어려운 핵심인재가 되는 것이다. 그러려면 현재 자신의 직위와 관계없이 리더십과 팔로어십을 가져야 한다. 앞으로 큰 리더가 될 사람이든 지금 중간 리더든 직장인은 누구나 이 두 가지 능력을 겸비해야 하지만, 불황의 시대엔 팔로어십이 좀 더 필요하다.

부하는 늘 상사에 대해 불평과 불만이 많지만 상사는 권한이 강화되면서 책임의 범위도 넓어졌다. 이는 상사들도 한층 힘겨워졌다는 것을 의미한다. 상사를 탓하고 원망해봐야 자신에게 조금도 도움이 되지 않는다. 직장생활을 하다 보면 상사의 부당하고 비합리적인 요구를 받아들이기 어려울 때도 있다. 이럴 때는 공과 사를 구분해 공적인 부분에서 불가피하게 상사와 부딪히는 일이 있더라도 사적으로는 항상 존경심을 표하는 것이 상사와 매끄러운 커뮤니케이션을 하는 비결이다.

우러나지 않는 존경심을 어쩌라는 것이냐 하기 전에, 진정으로 상사와 원만한 커뮤니케이션을 하고 싶다면 상사의 위상을 어느 정도 인정하는 것이 필요하다는 의미다. 요즘처럼 개인의 능력이나 자질이 승진에 있어서도 중요한 덕목이 되는 세상에, 상사는 아무리 내가 마음에 들지 않는다고 해도 기본적인 자질이나 능력은 갖추었다는 점을 먼저 인정하자. 그걸 인정하지 않고서는 시도 때도 없이 마음에 안 드는 불만이 고개를 쳐든다.

리더십이 없는 상사를 만나면 불평하지 말고 그 상사를 통해 거꾸로 리더십을 배우고, 자신도 누군가의 부하인 동시에 언젠가는 상사가 된다는 점을 잊지 말자. 윗사람을 통해 리더십을 배우고 아랫사람에게 부하 정신을 배우면 된다. 상사가 못마땅하고 부족한 점이 있으면 자신은 그렇게 하지 않으면 그만이다. 아랫사람이 자신에게 하는 태도에서 섭섭한 점이 있으면 나는 상사에게 그렇게 하지 않아야 한다. 아랫사람이 어떤 태도로 일해야 하는지를 부하 정신이 부족한 내가 나의 부하를 통해 배울 수도 있다.

모든 문제는 내가 열쇠를 쥐고 있는 경우가 대부분이다. 내가 마음을 바꾸고 내가 마음을 다잡고 내가 자세를 달리하면 상황은 바뀐다. 어려운 시기일수록 인간관계에서 내 마음을 잘 컨트롤하자. 이제까지 몰랐던 신기한 나의 능력을 재발견하게 될 것이다.

이길 수 없다면 친구가 돼라

"남의 떡이 더 커 보인다"는 말이 있다. 하지만 "내 손의 떡이 더 맛있다"라는 말은 없다. 아마도 우리가 평소 내가 가진 것에 만족하기보다, 남과 비교하고 남의 것을 더 좋게 보는 마음이 본능처럼 작동한다는 뜻일 것이다. 돌아보면 실제 그렇지 않은가? 주변을 돌아보면 나보다 일 잘하는 사람이 많고, 나보다 다들 인맥이 넓은 것 같고, 나보다 더 능력 있는 것 같은 생각이 들 때가 많다. 이것이 오해든 현실이든 유능한 사람이 되고 싶은 소망에서 시작되었다는 점은 같다. 내가 문득 작아 보일 때, 나는 정말 못난 사람이 될 것인가? 거기서 다시 한 번 움츠렸다 크게 뛰어오를 것인가?

가수이자 방송인인 윤종신의 보습이 이채롭나. 많은 예능 프로그램에서 입담을 과시하며 웃음을 주면서 요즘엔 그의 실력이 저평가된 부분도 있다. 하지만 윤종신은 우리나라에서 자신만의 색깔을 가진 싱어송라이터로 몇 손가락 안에 들 만한 사람이다. 오디션 열풍을 불게 했던 〈슈퍼스타K〉의 시즌3까지 심사위원으로서 가수와 작곡가, 프로듀서의 실력과 재능까지 고루 갖춘 사람으로서 전문성과 카리스마를 유감없이 보여주었다.

이런 윤종신도 콤플렉스를 극복하는 데 15년이나 걸렸다고 고백했다. 1990년대 그룹 '015B' 활동 시절, 유명 대학 출신으로 공부뿐 아니라 음악까지 잘하는 멤버들과 어울리며 그도 엘리트에 지적인 이미지를 갖게 되었고 그걸 한때 즐겼다. 하지만 늘 그 멤버들의 그늘에서 콤플렉스를 느꼈다고 했다. 하지만 그는 자신의 부족함과 멤버들의 실력을 인정함으로써 편안해졌고 더 분발할 힘을 찾게 되었다. 집요하게 노력하다 보니 남보다 잘하는 기준을 넘어 자신의 음악적 색깔과 영역이 생겼다. "천재를 이길 수 없다면 내 편으로 만들어 친구가 되어라." "콤플렉스가 에너지가 되기도 한다"는 조언은 이런 경험에서 나온 거라 더욱 무게 있게 다가온다.

스스로 콤플렉스를 느끼지 않아도 타인이 나를 거절하거나 콤플렉스를 만들어주는 경우도 얼마든지 많다. 재즈 기교에 의한 수준 높은 관현악곡과 오페라를 창작하여 새로운 영역을 개척한 미국의 음악가 조지 거슈윈. 그 역시 자신의 음악을 두고 '형편없는 쓰레기'라는 표현까지 들었지만 〈랩소디 인 블루〉 〈파리의 아메리카인〉 〈포기와 베스〉 등의 명곡을 남겨 지금도 전 세계적으로 사랑받고 있다.

자신의 부족함을 드러내고 인정할 줄 아는 사람은 충분히 콤플렉스를 뛰어넘을 수 있는 사람이다. 사람은 누구나 장점과 강점이 한 가지씩 있기 마련이다. 상대의 장점과 강점, 나보다 뛰어난 점을 찾아 현재 그 우위를 인정하고 존경을 표하는 것은 좋은 관계의 시작이다. 나보다 뛰어난 부분에 대해선 확실히 인정하고 배울 자세도 갖춰라. 증기기관차가 꾸준히 공급되는 석탄 때문에 힘 있게 달리는 것처럼 잘 지치지 않고 지루할 사이가 없어지며 에너지가 넘치게 된다. 우정과 존경, 상대를 인정하는 자세가 있어야 누구와도 진정 성장하는 관계로 발전할 수 있다. 그 사람의 실수나 실패에 고소해하지 말고 그 사람의 성공이나 성취를 주의 깊게 관찰하며 배울 점을 찾아야 한다. 그것이 나의 역량과 능력을 끌어올린다.

동료보다 내가 먼저 칭찬받고 인정받고 싶은 건 당연하다. 하지만 자꾸 그런 결과만 바라며 집착하면 마음이 앞서기 때문에 생각대로 안 된다. 그것보다는 좀 더 생산적인 생각으로 자신을 업그레이드하는 것은 어떨까. 동료나 상사, 혹은 후배들을 '경쟁에서 이겨야 할 대상'으로 생각하지 말고 훌륭한 스파링 파트너, 혹은 페이스메이커pacemaker로 인정하는 것부터 시작하자. 세계적인 화가 마티스와 피카소가 그랬던 것처럼(물론 그들도 처음 만난 순간부터 서로를 알아보고 견제하기 시작했다), 서로의 페이스를 유지하게 해주는 최고의 육상선수들처럼 상대방의 존재 자체에 감사한 마음을 갖자.

또한 누구나 어떤 경우든 나를 믿어주는 사람이 하나라도 있다면 좌절하지 않을 수 있다. 아카데미상을 받은 화제의 영화 〈킹스 스피치〉는 영국 여왕인 엘리자베스 2세의 아버지인 조지 6세의 말더듬이 콤플렉스 극복기를 다룬 영화다. 조지 6세가 말더듬이를 고치고 당당한 왕이 되기 위한 과정을 옆에서 지켜봐주는 사람이 두 명 있다. 언어치료사 라이오넬과 그의 아내 엘리자베스. 라이오넬은 백성을 사랑하는 훌륭한 성정을 가졌지만 치명적인 콤플렉스를 가진 왕의 아픔을 깊이 알아주었다. 물론 두 사람 사이에는 갈등도 있었지만 라이오넬은 조지 6세가 서서히 마음을 열 수 있도록 도와준다. 주치의로서가 아니라 누구보다도 의지할 수 있는 친구가 되어줌으로써 수많은 치료법에 실패한 조지 6세에게 용기를 준다.

엘리자베스는 늘 남편의 어려움을 함께 아파하며 그를 응원한다. 연설 전 남편에게 "당신의 청혼을 세 번이나 거절한 건 당신을 사랑하지 않아서가 아니라 왕실 생활이 싫어서였어요. 하지만 당신이 말더듬이인 걸 알고 조금 안심이 되었어요"라고 말하는 부분은 중압감에 시달리는 남편을 위한 최고의 내조로 손색이 없다. 백성을 지극히 사랑하는 마음과 그들을 대변하고 위로하기 위해 훌륭한 연설을 하고 싶었던 조지 6세. 그런 그의 열망이 마이크 공포증을 이겨낸 근본적인 원동력이었지만, 라이오넬과 엘리자베스의 믿음과 기다림, 격려가 없었다면 더 오래 걸렸거나 포기하고 말았을지도 모른다.

능력에 대한 믿음에 인간에 대한 믿음까지 결합해 소통한다면 마음속의 화학작용은 더 많은 것들을 해낼 수 있는 용기가 된다. 가족 말고도 자신을 알아주고 믿어주는 사람이 있다면 자신의 콤플렉스도 인정할 수 있고, 누구와 어떤 경쟁을 해도 비굴하지 않게 시작할 수 있다.

칭찬하고 격려하라

사람들의 불만의 본질은 '내가 노력하고 있는 만큼 사람들이 그 가치를 인정하고 나를 귀중히 여기지 않는다'는 데서 시작된다. 사람은 누구나 장점이 있고 단점이 있기 마련이다. 그런데 내가 가진 가치를 칭찬하고 인정해준다면 누구나 자연스럽게 동기부여가 된다. 칭찬이란 스스로 동기부여를 하도록 해주고, 자기도 모르는 자신의 잠재력을 이끌어내는 힘이기 때문이다.

어느 초등학교에서 잠재력과 관련된 실험을 한 적이 있다. 먼저 학력검사를 실시한 뒤, 결과와 무관하게 20퍼센트의 학생을 뽑았다. 그런 다음 그 명단을 담임선생님에게 넘겨주면서 "이 학생들은 높은 학업 성적을 보일 가능성이 있다"라고 말해주었다. 1년 후, 다시 학력검사를 실시한 결과 그 20퍼센트의 실험집단 학생들의 성적이 다른 비교집단에 비해서 훨씬 높았다. 비교집단에서는 성적이 20점 이상 오른 학생이 19퍼센트였던 데 비해, 실험집단의 학생들은 47퍼센트가 20점 이상의 향상을 보였다. 읽기 능력에서도 실험집단의 학생들이 월등하게 진전을 보였다.

이 연구가 이른바 '로젠탈효과Rosenthal Effect'다. 하버드 대학교 심리학과 교수인 로버트 로젠탈Robert Rosenthal이 한 실험으로, 교사가 학생을 어떻게 생각하고 긍정적인 기대를 드러내느냐에 따라 학생들의 학업 성취에 많은 영향을 미친다는 결과를 입증한 것이다. 담임교사가 "너희들은 역시 뭔가 다르구나" "듣던 대로 잘하는구나" "생각보다 더 훌륭하구나"와 같은 말로 아이들에게 긍정적인 기대와 칭찬을 하면, 아이들은 실제 자기의 능력보다 더 많은 능력을 발휘하며 좋은 결과를 이끌어낸다.

'로젠탈효과'는 학생에만 국한되는 이야기가 아니다. 사람이라면 누구나 중요한 타인에게 영향을 받는다. 물론 자기 스스로 동기화하는 사람도 있다. 다른 사람의 동기화가 필요하지 않은 사람들이다. 직장에서도 자신의 목표와 조직의 목표를 서로 연계시키며 알아서 잘하는 사람들이 있다. 하지만 이렇게 스스로 동기부여를 잘하는 사람도 어느 순간 지친다. 일시적이라도 동력이 떨어져 외부의 동기화가 필요한 시점이 온다. 사람이라면 누구나 다른 사람의 동기화가 필요하다. 그 중요한 동기화가 바로 '칭찬'과 '격려'다.

링컨은 위대한 업적을 많이 남긴 반면, 살아생전에는 안티도 많았다. 거침없는 비난과 조롱도 수없이 들었다. 링컨이 죽었을 때 그의 호주머니에서 뜻밖의 물건이 나왔다. 자신을 칭찬하고 격려하는 신문기사 한 조각. 얼마나 그 기사를 많이 봤는지 종이가 닳고 닳았다고 한다. 왠지 찡하다. 자신을 향해 날아드는 수많은 비난의 화살을 피해 위대한 업적을 남긴 힘이 어디서 나왔는지 알 수 있다. 링컨도 결국 우리와 같은 보통 사람의 심장을 가졌다는 사실에 안도하며, 칭찬과 격려의 힘에 대해 생각하게 된다.

성과나 성취가 승진이나 연봉에 큰 영향을 미치는 직장인은 자신의 능력을 크게 끌어올려주는 상사의 긍정적인 영향이 절실하다. 특히 자연스럽게 칭찬해줘 기분 좋게 하는 상사를 만나기란 쉽지 않다. 상사는 젊은 시절 칭찬에 인색한 직장문화에서 지냈고, 칭찬이 자칫 속 보이는 아부로 보일 수 있다는 점이 칭찬을 더욱 어렵게 만들었다.

하지만 이제는 칭찬의 잠재력, 영향력 내지는 파급력을 가볍게 생각하지 않는다. 21세부터 70세까지로 다양한 연령층에서 자수성가한 100여 명의 백만장자들을 조사했더니, 학력과 직업, 소질과 특징 등은 아주 다양하고 다채롭게 나타났지만 이들에겐 중요한 공통점이 한 가지 있었다. 바로 타인의 장점을 발견하는 선수이자 고수였다는 점.

이들은 언제나 그리고 어떤 상황에서도 타인의 단점보다 장점을 먼저 발견하고 그것을 칭찬했다. 그래서 무슨 일을 하든지 사람들이 이들에게 호의적으로 대했고, 또 이들을 도와주었기 때문에 큰 성공을 이룰 수 있었다. 사업가이자 사상가였던 철강왕 앤드류 카네기의 묘비에도 "여기 자신보다 더 현명한 사람을 고용할 줄 아는 인간이 누워 있다"는 말이 새겨져 있다.

칭찬이 사람의 행동까지 변화시키면 칭찬의 동기가 진실해야 한다. 칭찬은 상대방을 귀중한 인격체로 대접하며 존중하는 마음에서 시작될 때 큰 울림을 줄 수 있다. 또한 칭찬하는 사람의 품성과 인격이 칭찬의 질을 크게 좌우하기도 한다. 평소 존경받지 못하는 선생님의 칭찬은 자칫 친구들 사이에 조롱의 대상이 될 수도 있지만, 학생들에게 두루 존경받는 선생님에게 칭찬받은 학생은 더 큰 긍정적 영향을 받는다. 이처럼 평소 자신의 인격 관리에 힘쓸 때 칭찬이나 격려는 더 큰 힘을 발휘한다.

칭찬은 자주 하고 여러 사람 앞에서 한다고만 좋은 것도 아니다. 상사가 단지 자신의 인기를 위해 칭찬을 남발했을 땐 질이 떨어지며 필연적으로 효과가 적어진다. 작은 일이라도 칭찬받을 만한 이유를 강조하고, 다른 사람들도 납득할 수 있는 범위에서 칭찬했을 때 효과가 크다. 여러 사람들이 있는 데서 칭찬해서 좋은 일이 있지만, 어떤 칭찬은 개인적으로 해야 하는 것도 있다. 팀원 전체를 한꺼번에 칭찬하는 일은 좀 과해도 괜찮다. 모두가 함께 받는 칭찬이기 때문에 기분도 좋고 동기유발에 유익하다. 조직의 분위기를 따뜻하게 만들고, 팀원 사이의 경쟁심 대신 협동심과 일체감을 불러일으키는 효과를 거둘 수 있다.

하지만 조직의 성과가 늘 제자리이거나 칭찬하는 걸 쑥스러워하는 사람들도 있다. 이럴 땐 회사 차원의 도움이 필요하다. 습관이 되어 칭찬하는 것이 자연스러워질 수 있도록 돕는 것이다. 칭찬이나 칭찬 릴레이를 통해 시상을 하거나 윗사람부터 적극적으로 칭찬하는 조직문화를 만들어가는 것도 효과적이다.

정신분석학자인 프로이트는 "사람이란 공격에는 저항할 수 있지만 칭찬에는 모두가 무기력하다"고 말했다. 칭찬의 힘이 얼마나 대단한지, 삶을 얼마나 윤택하게 만들 수 있는지 가늠할 수 있는 말이다. 나를 변화시키고 상대를 변화시키고 조직을 변화시키고 싶다면 오늘부터 당장 내 옆자리 동료의 장점 찾기, 칭찬하기를 생활화해보자.

행동력을 키워라

행동하지 않으면 아무 일도 생기지 않는다. 아무리 좋은 생각도 남보다 먼저 행동으로 옮겨 성과를 내지 않으면 내 것이 아니다. '내가 사실 그 생각 먼저 했는데……' 하는 말은 소용없다. 표현하고 움직여야 한다. 경쟁가도에서 조금은 비껴나 있어서 조직문화도 살짝 느슨한 곳은 조직 구성원의 행동력이 한 템포 느릴 수 있다. 절박함이 없기 때문이다. 하지만 경쟁만이 행동력을 부르지는 않는다. 조직 속에서도 자기 자신의 가까운 미래와 먼 미래를 조망하며 가는 사람은 오늘도 깨어서 행동한다. 그런 사람들이 많이 모인 조직이 탄탄해지는 건 당연하다.

우리는 보통 '그때 그렇게 했으면 좋았을 걸' '그렇게 할 걸' 하며 뒤늦게 행동하지 않았음을 후회하지만, 늘 어떤 일에 대한 예측과 준비가 잘 되어 있다면 후회를 줄이고 문제를 빨리 해결할 수 있다. 예측과 준비는 아주 중요한 행동이다. 기업들은 애프터after 서비스를 넘어 좀 더 적극적으로 앞으로 있을지 모를 문제를 찾아나서는 비포before 서비스를 할 때 소비자들에게 더 크게 환영받는다. 문제의 발생을 예측하고 먼저 손을 쓰는 습관을 들이면서 더 큰 문제가 발생해 생기는 비용이나 고객 불편을 줄이겠다는 의지를 행동으로 보여주는 것이다.

바둑 두는 사람을 크게 두 가지 스타일로 나눠 말한다. 작게 얻고 크게 잃는 사람, 작은 것은 잃지만 크게 얻는 사람. 전자는 하수라 하고, 후자는 고수라 한다. 대부분 작은 것에 연연한 사람은 싸움 전체를 두고 볼 때 패자가 되기 쉽다. 고수가 크게 이길 수 있는 비결은 늘 멀리 보고 바둑돌을 놓기 때문이다. 눈앞의 몇 집을 얻으려고 아등바등하지 않는다는 것이다. 우리 생활도 고수들의 바둑 두기 같아야 한다. 나무만 보지 말고 숲을 보며 준비하는 것이다. 시야를 넓게 갖고 앞날을 예측하고 계획하면 지금 무엇을 해야 할지 더 선명하게 보인다. 끊임없이 행동하게 하는 동기부여의 도구가 될 것이다.

행동에 신중한 사람이 있다. 신중한 것은 실수를 줄일 수 있지만, 모든 일에 신중하고 돌다리를 두드리는 일은 시간 낭비일 수 있으며, 행동하기를 미루게 하는 습성으로 굳어지기도 한다. 뭔가 미루지 않고 빠르게 결정하는 것이 나쁜 것만은 아니다. 예를 들면 어떤 일을 하는 데 상의해야 할 부분이 여러 건일 경우, 결정이 쉽지 않은 한 가지 항목 때문에 "스케줄을 확인하고 나서 전화로 결정하죠"라고 말할 것이 아니라, 잠정적으로라도 그 자리에서 결정하고 "이 문제는 이렇게 결정하고 사정이 여의치 않으면 전화로 다시 조율하도록 합시다." 하는 게 진행을 빠르게 한다. 자꾸 결정을 미루면 시간이나 노력이 더 많이 걸리기 쉽기 때문이다.

부하직원들은 어떤 문제에 부딪치면 상사에게 보고해야 하지 않을까 하고 매번 갈등한다. 하지만 보고하고 허락받는 그 사이보다 지금 어떤 식으로든 내 선에서 결정해야 하는 일도 생긴다. 연평도 포격사건 후 국방부 장관이 북한의 갑작스런 선제공격이 있을 때 상부에 보고하지 않고 바로 대응할 수 있도록 일선 지휘관에게 지휘권을 주겠다는 발언을 한 것도, 지휘 계통을 밟았을 땐 이미 늦어버리는 일이 있기 때문이다.

먼저 최선의 조치, 최소의 조치라도 해놓고 "이러이러한 사정 때문에 보고할 시간이 없었습니다." 혹은 "상의할 여유가 없어서 일단 상황이 나빠지지 않게 이렇게 조치했다"고 하면 된다. 나중에 보고한다고 화를 낼 상사는 없다. 뭔가 빠르게 결정하는 일을 두려워 말고 결정해야 하는 일에 대해 최선의 방법을 생각하는 집중력을 발휘하는 것이 결론적으로 더 칭찬을 받는다.

또 평소 충분히 할 수 있었는데 실천하지 못해서 '못했다' 고 생각한 일들을 끄집어내서 빠르게 해결하자. 누구에게나 "난 시작이 힘들어서 그렇지 일단 시작하면 잘해." 하는 사람들이 많다. 어려워서 못했던 일보다 꾀부리면서 미뤄둔 일들을 찾아서 시원시원하게 해치우고 나면 오랜 부채를 해결한 기분 때문에 상당히 고무된다. 다음에 또 할 일이 없나 찾게 되어 일을 즐길 수 있게 된다.

사람은 너무 배고프거나 너무 배부르면 일에 대한 의욕이 떨어진다. 적당히 배고픈 상태가 가장 정신이 맑고 집중력이 높아진다고 한다. 내가 이래서는 안 된다는 생각으로 퍼뜩 정신이 차려질 때가 바로 그때다. 행동하지 않았던 시간이 길 때가 보통 그렇다. 그 시점이 자신을 다잡을 기회다. 그냥 '행동'은 의지가 없이도 한다. 하지만 '행동력'은 의지가 필요하다. 무엇이든 이제까지 하지 않았던 일을 작은 것부터 찾아 해결하는 습관이 몸을 빠르게 행동력에 적응시키는 방법이 될 것이다.

평사원인 당신도 리더다

회사나 세상은 직장인들이 '리더십'을 길러야 한다고 하고 리더의 자질에 대해 말한다. 하지만 직급 없는 평사원이나 졸업 후 내내 여기저기 '알바'만 하다가 막 취업한 신입사원은 위에서 쏟아지는 일만 하기도 하루하루가 바쁘다. 리더십은 그야말로 한 무리의 군사를 거느린 '장長'급 지휘관에게나 필요한 일이지 사실 먼 나라 이야기 같다.

학교 다닐 때 합창 연습을 한번쯤 해본 경험이 있을 것이다. 그리고 지휘봉을 열심히 휘두르는 선생님을 보면서 소리는 내지 않고 입만 뻥긋거린 경험도 있을 것이다. 반복되는 합창 연습에 힘도 들고 지치는데, 그럴 때 목이 아프지는 않아도 나 하나쯤 소리 안 내도 티 안 나니까 하는 생각에 노래 부르는 시늉만 하는 것이다.

이렇듯 집단 속에 참여하는 개인의 수가 증가할수록 어떤 성과에 대한 한 사람의 공헌도는 오히려 떨어지는 집단적 심리현상을 '사회적 태만'이라고 한다. 그리고 독일의 심리학자인 링겔만이 실험을 통해 이를 증명했기 때문에 그의 이름을 따서 '링겔만효과 Ringelmann Effect'라고 부른다. 한 명씩 줄다리기를 했을 때 힘을 100퍼센트로 사용했다고 해보면 두 명씩 했을 때 200퍼센트의 힘이 발휘될 것이라 기대했지만 실제로는 93퍼센트만 발휘되었다고 하고, 세 명일 때는 85퍼센트, 8명이 했을 때는 49퍼센트의 힘만이 발휘되었다고 한다.

이런 식으로 무임승차를 하거나 다 된 밥에 숟가락 하나만 얹는 현상은 우리 주변에서 쉽게 찾아볼 수 있다. 앞서 합창 연습에서도 경험했듯 바로 나 자신에게서 먼저 발견된다는 것을 인정하지 않을 수 없다. 찔린다.

그래서일까? 이상하게 내가 속한 줄다리기 팀이 매번 졌다는 경험, 내가 있는 우리 반이 이상하게 합창대회에서 순위권에 든 기억이 별로 없다고 생각하는 사람들이 많다.

리더십은 주인의식에서 출발한다. 젊은 시절부터 어렵게 작은 구멍가게부터 시작해 큰 기업으로 키운 회사의 CEO의 역량은 '주인의식', 요즘 말로 하면 '리더십'이다. 하나부터 열까지 모두 내 것처럼 일해 온 주인의식이 자연스럽게 리더십을 발휘하게 한 것이다. 비록 직급 없는 평사원일지라도 지금의 직장을 내 사업처럼, 지금의 내 업무를 사장의 마음가짐으로 하며, 문제를 외부에서 찾기보다는 내 안에서 찾는 것이 주인의 자세다. 자발성과 책임감을 가지고 스스로 주인된 의식으로 일하는 그 자체가 이미 리더다.

기본적으로 리더십은 어떤 기술을 익힘으로써 되는 것이 아니지만, 역량을 키우려면 이미 축적된 인류의 양식을 통해 채워가야 한다. 세상에 100퍼센트 새로운 것은 없기 때문에 두뇌에 저장된 수많은 지식으로 직관력과 통찰력이 생기는 텃밭을 만들어가야 한다. 큰 인물들의 리더십도 타고나기보다 후천적으로 훈련된 경우가 대부분이다. 젊은 시절부터 무수히 많은 책을 읽고 배우고 경험하며 그런 성공을 이루었지만 지금도 청년의 자세로 여전히 부지런하다. 타고난 재능이 아니라 우직한 성실성으로 리더십을 완성해간다.

먼저 남들이 다 시작하는 시간에 시작하는 건 의미가 없다. 한 회사의 경영자는 가장 늦게 자고 가장 먼저 깬다. 우선 일찍 일어나는 습관을 만들어간다. 새벽에 생각하고 하루를 준비하는 것이다. 그 새벽 한 시간이 하루를 이끄는 견인차 역할을 한다. 나머지 시간은 단순히 행동하는 것에 불과하다. 새벽에 일어나 생각하는 것은 능동적으로 살아가는 가장 적극적인 자세다.

두 번째로는 정보의 블랙홀이 되는 데 자신을 트레이닝한다. 자신에게 필요한 정보인가 아닌가를 끊임없이 판단하면서 비우고 버리고 선택하고 취하는 과정을 의식적으로 반복해보는 것이다. 거기서 아주 의미 있는 것이 아니라면 부정적 정보는 되도록 외면하는 것이 좋다. 자신의 열정을 끓어오르게 하고 동기부여를 배가시키는 정보들을 취합하고 거르는 과정을 통해 서서히 리더로 담금질하게 된다.

세 번째로 자기관리를 철저히 한다. 자기관리를 하는 다이어리 활용법을 잘 알고 이용하는 사람은 이미 자기주도적인 리더로 독립하는 데 절반 이상 성공했다고 말할 수 있다. 비즈니스 세계에서의 기록은 단순한 메모로 끝나서는 무의미하다. 끊임없이 기록하고 수정하는 가운데 새로운 방향이 제시되고 남보다 정확한 상황판단을 할 수 있는 자료가 된다.

네 번째, 리더의 비주얼에 대해서도 고민해야 한다. 타고난 생김새를 말하는 것이 아니라 비즈니스 세계에서 통용되는 모습으로 자기 차림이나 자세, 목소리, 표정, 말씨 등을 점검하고 그에 알맞은 사람으로 세팅해가야 한다. 성공한 사람들의 모습이 어딘가 비슷한 데가 있다고 생각한다면 그것이 비즈니스 세계에 통용되는 리더의 비주얼이기 때문이다. 그들의 발성은 풍부하고 제스처는 적절하다. 사람 좋은 미소를 띠고 있고 긍정적이고 호의적이다.

마지막으로 이제 행동해야겠다고 생각한다면 나를 화나게 했던 내 모습, 나를 게으르게 했던 것, 때로 좋아하는 것들도 포기해야 할지 모른다.

이건 이래서 안 되고 저건 저래서 안 된다며 변명이 늘어가면 그 어떤 것도 제대로 해낼 수 없다. 이 다섯 번째 지침을 행해야 앞서 말한 네 가지의 행동력에 날개를 달 수 있게 된다. 자세의 변화는 행동의 변화를 낳는다지만 이 한 가지 행동부터 하자. 다른 변화는 밀물처럼 시작될 것이다.

청년정신으로 리셋하라

아이팟, 아이폰, 아이패드의 개발로 세계인의 라이프스타일을 바꾸어 놓은 IT의 제왕 스티브 잡스. 그는 이제 이 세상에 없다. 하지만 그의 열정과 도전을 사랑한 많은 사람들의 마음에 그는 반짝이는 별이 되었다. 2005년 그의 스탠퍼드 대학교 졸업식 연설 중에 특히 “당신의 시간이 한정돼 있습니다. 다른 사람의 삶을 살며 낭비하지 마세요”라는 말은 유난히 더 큰 울림을 만든다. 그의 죽음은 오늘도 시간을 낭비한 우리에게, 아직도 두려움으로 변명하는 우리에게 많은 숙제를 남긴다.

사람은 아는 게 많아질수록 두려움이나 걱정도 많아진다. 직장생활 역시 패기와 열정으로 시작했다가도 쉽게 안일해지며 용기와 자신감을 잃어버린다. ‘나는 할 수 없다’ ‘무엇 때문에 할 수 없다’ ‘나는 안 된다’ 등등 자신의 결점들이 수도 없이 고개를 내밀기 시작한다. 또한 그런 생각들은 사실 이상의 힘으로 과장되기 마련이다. 별 거 아닌 결점들이 다른 결점들을 만나면서 더 강한 힘을 갖게 되는 것처럼 말이다. 실제로 그 사람을 무능하게 만드는 것은 자신의 현재 상황을 필요 이상으로 더욱 악화시켜 나쁘게 보는 습성 때문일 경우가 많다.

쓸데없이 자기 능력을 과대평가하며 허세를 부려서도 안 되겠지만, 때로는 자신을 스스로 믿고 자신감을 갖는 것도 필요하다. 비록 지금 하는 일이 자신이 꿈꾸던 게 아니라 하더라도 지금을 소중하게 생각한다면 자신의 삶에 쉽게 소홀하지 않을 것이다. 비록 현재는 팍팍한 현실 속에 있지만 생각은 거기에 매이지 않게 된다.

나이가 20대 후반으로만 접어들어도 "지금보다 5년만 젊었더라면"이라는 말을 자연스럽게 할 정도로 사람들은 지난 시간을 아쉬워한다. 앞으로 5년 후에 내가 그리워하게 될 시간이 오늘이다. 생각을 늘 새롭게 하며 시간을 낭비하지 말아야 하는 중요한 이유다. 스티브 잡스는 다시 돌아올 수 없는 시간을 우리는 현재 살고 있기 때문이다.

'이 어려움을 이기고 나면 좋은 일이 있을 것이다'라는 긍정적인 사고방식이나 낙천적인 상상은 자신감을 넘어서 실제로 좋은 성과를 가져온다는 점은 이미 증명되었다. 정상급 스포츠 선수들은 철저히 정신적인 예행연습과 상상력 훈련방법을 통해 자신의 기량과 실력을 향상시킨다고 한다. 실제로 연습한 것과 같은 효과를 거두기 때문이다. 따라서 매일같이 일정 기간 동안 과녁 앞에 앉아서 다트를 던지는 상상을 해보는 것이다. 이것이 다트를 잘 던지는 가장 좋은 방법이다. 심리학계에서는 이미 잘 알려진 사실인데, 긍정적으로 뭔가 이루어내는 상상, 뭔가 잘 되어가는 상상이 현실로 이끈다는 것이다.

박수 받는 상상, 환호 받는 상상, 성공하는 상상, 이런 것들이 자신감에 필요한 영양분이 된다. 되도록 긍정적인 사람과 어울리고, 일상생활에서 자신감을 느꼈던 일을 떠올리는 것도 좋다. 일을 잘 처리해서 상사나 고객에게 칭찬받았던 일이나 목표를 달성했던 경험을 노트에 적어본다. 이런 경험을 나열하다 보면 평소에 자각하지 못했던 자신의 능력을 깨닫게 된다. '나' 라는 사람은 장점이 많고 자신감을 가져도 좋은 사람이라는 사실을 깨닫게 될 것이다.

우리는 장점에 대해서는 과소평가하고 단점에 대해서는 과민할 때가 많다. 하지만 장점이나 단점은 어떤 상황이나 사람을 만나느냐에 따라 상대적일 수 있다. 외향적이고 친화지수가 높은 사람에겐 낯을 가리는 성격이 단점일 수 있지만, 첫 만남부터 활발하고 성격 좋게 구는 사람에 대해 부담을 느끼는 내성적인 어떤 사람에겐 낯을 가리며 조심하는 성격이 오히려 편안할 수 있다. 장점이나 단점은 자신이 생각하는 것과 타인이 생각하는 것 사이에 큰 차이가 있다.

외국인들이 우리나라에 투자할 때 우리나라의 어떤 장점을 보고 투자를 할까? 우리가 생각하기에 우리나라의 장점은 강력한 IT인프라, 자유로운 외환시장, 삼성이나 LG, 현대 같은 세계적인 대기업의 존재, 점점 주목받는 문화적 역량 등을 꼽을 수 있을지 모른다. 하지만 실제 외국인들이 생각하는 대한민국의 장점은 엄정한 법원, 종교의 자유, 확고한 재산권 같은 데 있다고 한다. 우리도 몰랐던 우리의 장점이 너무나 뜻밖일지 모르겠다.

단점이나 콤플렉스는 잘 이용하면 중요한 에너지가 된다. 김병만은 개그맨으로서는 낯가림이 심하고 내성적인 성격에 무대공포증까지 있는 치명적인 단점을 가지고 있었다. 하지만 사람들을 웃기는 개그맨이 되고 싶은 열망에 전철 같은 곳에서 남들이 보면 미친 짓 같은 행동도 서슴지 않고 하면서 몇 년 전부터 비로소 무대 울렁증을 극복했다고 한다. 한두 번의 노력으로 안 된다면 될 때까지 성실하게 하는 그의 최대 장점이 개그맨으로서 치명적인 약점을 극복하게 했다.

하지만 자신감을 많이 잃었을 땐 '도전'에 대한 의욕이나 열정도 사라지기 쉽다. 이럴 땐 무엇이든 욕심 내지 않고 작은 성공을 거듭해나가는 전략이 효과적이다. 크고 거창한 계획보다는 평소에 하고 싶었지만 하지 못했던 일을 중심으로 목표를 세우고 하나씩 이루어가다 보면 의욕이 생기고 자신감도 찾을 수 있다. 칭찬하고 대견해하는 가운데 내 자신감도 열정도 언제나 뜨거운 온도를 유지할 수 있을 것이다.

시금, 여기서, 나로부터 시작하라

일본 동북부 대지진 참사 이후, 시바타 도요라는 시인이 쓴 〈피해를 당한 여러분에게〉라는 글이 일본인의 마음을 크게 위로했다. "천국에 가서도 응원하겠습니다"라고 쓴 시바타 도요 시인은 99세 할머니다. 92세부터 시를 쓰기 시작해 99세에 첫 시집 《약해지지 마》를 출간했는데, 곧 100만 부 넘게 판매됐다. 고령의 연륜에서 나오는 인생 통찰의 힘이 사람들의 마음을 울렸기 때문이다. 우리는 92세에 시 쓰기를 시작할 수 있을까?

"내가 5년만 젊었어도……."

"지금 뭔가 시작하기엔 애매한 나이지."

"이 나이에 꿈은 무슨…… 그냥 사는 거지."

우리는 뭔가 꿈을 가지고 새로운 도전을 시작하는 일에 으레 이런 익숙한 한두 가지 푸념 혹은 변명을 한다. 하지만 꿈이나 목표가 없는 게 문제지 나이는 문제가 아니다. 시바타 도요는 고령에도 일본 전통무용을 배우다 부상으로 할 수 없게 되자, 아들이 '시를 한번 써보시라'는 권유에 시를 쓰기 시작했다. 그때 시바타 도요는 나이는 생각하지 않았기 때문에 시 쓰기를 할 수 있었던 것이다. "이 나이에 시는 무슨……"이라고 했다면 그녀는 시 쓰는 것은 고사하고 시를 읽을 엄두도 여유도 못 냈을 게 분명하다.

시는 손가락만 움직일 수 있다고 쓸 수 있는 것이 아니라, 그야말로 마음이 예민하고 촉촉한 감성을 가지고 있어야 할 수 있는 일이다. 어쩌면 무용만큼 어려운 도전이었을지도 모른다. 하지만 그녀는 과감히 도전했고, 고목에서 꽃을 피우듯 많은 사람들의 마음에 위로와 안식을 주었다.

도전은 그 목표가 크든 작든 보는 사람에게 흥미와 흥분을 가져다준다. 예능 프로그램 〈무한도전〉이 지속적인 인기를 얻으며 고정 팬을 형성한 것도 그 때문이다. 도무지 해낼 성싶지 않은 사람들의 가당치 않은 목표 설정은 일단 보는 사람에게 호기심과 흥미를 불러일으킨다. 그러나 가끔 가슴 뻐근한 감동을 안기는 건, 완벽하게 해내지 못해도 포기하지 않는 의지와 열정, 노력이 고스란히 시청자에게 전해지기 때문이다.

특히 '레슬링편'은 오랜 시간 연습과 훈련을 통해 수많은 관객 앞에서 예사롭지 않은 기술을 선보이고, 어려운 가운데서 포기하지 않고 끝까지 해보였던 열정이 찬사를 받았다. 김어준 딴지일보 총수는 〈무한도전〉에 대해 비판해달라는 말에 "도전을 멈추지 않는 한은 비판할 생각이 전혀 없다. 그걸 멈추면 비판할 게 아니라 없어져야 한다. 더 이상 '무한도전'

이 아니니까"라고 말했다.

꿈과 목표가 있다는 것은 행복한 삶을 만드는 중요한 조건이다. 지금의 현실이 고되고 힘들다는 것은 누구나 인정한다. 개인의 힘으로 이겨낼 수 없는 문제들이 많은 것도 사실이다. 하지만 그 안에서도 푸념이나 넋두리를 하는 대신 행동하는 사람들이 많다. 운동을 시작하고 새벽에 어학원을 가고 수영장에 다닌다.

데일 카네기는 "세상의 중요한 업적 중 대부분은 희망이 보이지 않는 상황에서도 끊임없이 도전한 사람들이 이룬 것"이라고 말했다.

아이비리그 최초의 흑인 총장, 브라운대 최초의 여성 총장이 된 루스 시먼스는 흑인에게 허용된 것은 고된 육체노동뿐이던 시절에 하녀의 딸로 태어났다. 공부가 좋았지만 어머니는 "백인과 똑같이 살려고 하다간 벌 받는다"며 만류했다. 하지만 그런 엄한 사회적 분위기에서도 그녀는 당연하다고 받아들여지는 관습과 관념에 굴복하지 않고 도전했다. 대부분은 쉽게 체념하고 말 텐데 그녀는 "나는 다른 누구와도 평등할 수 있다"고 믿었고, 결국 세상을 변화시켰다. 시먼스 총장은 무엇인가 성취하려고 살아온 건 아니지만, 도전하고 또 최선을 다하다 보니 오늘에 이르렀다고 한다.

'결사적'이란 말을 흔히 쓰지만 과연 우리가 진정 결사決死의 자세로 살아본 적이 있을까. 우리는 조금 더 독립적일 필요가 있다. 남들이 어떻게 생각할지 걱정하고, 작심삼일이 될 것이 뻔해서 도전을 주저하고, 실패해서 도전하기 전보다 우스워질까 두려워 못하는 일이 더 많다.

타인이 어떻게 생각할까보다 내 꿈이 더 소중하다. 도전은 내가 한다.

꿈을 향해 도전함으로써 내 삶을 의미 있게 변화시킬 의식의 지각 변동을 경험하는 것이 더 이익이다. 설령 실패하더라도 그 경험은 또다시 도전하게 만드는 원동력이 될 것이기 때문이다. '무모한 도전'에서 얻은 실패의 경험이 쌓이면 '무한한 도전'으로 가는 든든한 재산이 된다. 내가 도전해야 세상이 달라진다. 내 삶이 달라져야 내가 세상을 변화시키는 씨앗이 될 수 있다. 지금, 여기서, 시작하면 된다.

Action talk

Q & A 삐걱대는 팀워크에 기름을 발라주세요

“갓 팀장이 되었는데 팀원들을 어떻게 대해야 할까요?”

Q 저는 팀장이 된 지 얼마 안 된 비교적 젊은 팀장에 속합니다. 의욕과 열정은 넘치는데, 문제는 저보다 나이가 많은 팀원이 절반이 넘는다는 점입니다. 그래서 누가 뭐라고 하지 않는데도 그 팀원들을 ‘모셔야’ 할 것만 같습니다. 어떤 땐 팀원에게 위임해야 하는 일을 제가 하는 경우도 있습니다. 그게 더 속 편하니까요. 그런데 그래선 안 되는 거잖아요? 저 같은 비교적 젊은 팀장들은 어떻게 하면 좋을까요?

A 팀장님의 고충, 손에 잡힐 듯하네요. 아직도 나이가 관계에서 중요한 기준이 되는 우리 현실에선 무시하기 어려운 일이죠 사실. 하지만 이 문제를 해결하지 못하면 다른 팀과의 업무 조율에서도 문제가 생길 수 있으니 반드시 극복해야 합니다. 팀장이 나이가 많으면 역시 동등한 관계가 아니라 끌려 다닐 수도 있습니다.

일단 젊은 나이에 팀장님으로 발탁되실 정도라면 팀원 시절 얼마나 열심히 해오셨을지 짐작이 갑니다. 그런데 그 열정과 의욕이 은근한 저항을 부를 수 있어요. 팀장님은 자신이 팀원 시절 보여준 업무 수준과 열정을 지금의 팀원들에게 그대로 요구하기 쉽거든요. 우선 팀원들에게 자신의 기준을 고집하지 말고, 따라오지 못한다고 생각될 때는 이해하고 기다려주는 여유를 보여주세요. 자신의 생각이나 기준을 말하는 데 시간을 쓰지 말고, 주로 ‘듣기’를 통해 허심탄회한 대화를 나누세요. 팀원과의 정보 공유를 통해 문제를 해결해나가는 방법도 필요합니다.

팀원들은 나이가 많든 적든 새로 온 젊은 팀장이 자신감과 의욕이 넘치면 긍정적으로 평가하기 전에 '나대는' 것으로 보기 쉽습니다. 자신감과 의욕도 좋지만 주위의 피드백에 귀를 기울이는 자세가 더 좋습니다. 그리고 기회가 되면 다른 팀장들에게 자신의 어려움을 밝히고 솔직한 대화를 통해 코칭과 멘토링을 받는다면 더 힘이 될 겁니다.

"저를 비난하는 팀원과 묵인하는 다른 팀원들 때문에 충격입니다."

Q 어제 모처럼 전체 팀원이 단합 회식을 했습니다. 술이 취하자, 약간 연배가 있는 팀원 중 한 명이 다른 팀으로 가고 싶다고 폭탄선언을 했습니다. 그 이유가 저 때문에 숨 막혀서 일 못하겠다는 거예요. 사람이 맞는지, 찔러도 피 한 방울 나오지 않겠다, 사람인데 당신은 실수 한번 안 했냐, 나 이렇게 당신 앞에서 큰 실수 했으니 잘라라, 다른 팀 가겠다 그럽니다. 그런데 놀라운 건 아무도 그 팀원의 행동을 말리지 않더라는 거죠. 조용히 동조하는 분위기, 이건 뭘까요?

A 스스로 좀 완벽한 업무를 요구하는 팀장님이 아닌가 합니다. 직장의 업무란 게 실수 없이 완벽해야 함은 두말할 필요 없이 당연하지만, 때로는 생각지 못한 이유로 실수하는 일이 생길 수 있습니다. 팀원들도 실수가 잦을 경우 리더에게 인정받기 어렵다는 걸 알기 때문에 늘 조심하고 완벽하려고 노력하죠. 그런데 매번 '이런 사소한 것도 실수를 하느냐' '왜 만날 그 모양이냐' 라며 나무라고, 평소 팀원들이 잘하는 부분에 대해서는 전혀 칭찬하지 않는다면 팀원들의 불만은 안으로 곪기 쉽습니다. 늘 실수하지 않을까 하는 조바심에 모두 소극적이 되거나 책임을 회피하기 바쁜 최악의 팀이 되는 거죠. 먼저 '모든 일은 사람이 하는 것이고, 누구나 실수할 수 있다' 는 마음의 여유를 가지세요. 그래야 융통성을 발휘하며 팀원들을 따뜻하게 격려할 수 있습니다. 둘째, 사소한 부분은 대범하게 넘어가고 팀장의 책임으로 감싸주세요. 그러면 팀원 스스로 감사하게 생각하고 저절로 잘하고자 하는 의욕이 듭니다. 때로 지나치게 완벽을 추구하다 보면 보이지 않는 곳에서 큰 구멍을 만들 수 있다는 점을 잊지 말고, 좀 더 너그러운 마음을 가지길 바랍니다.

"에이스 팀원만 모였는데도 성과가 저조합니다."

Q 우리 팀은 최고의 에이스라고 할 만한 인재가 모였는데도 실적이 신통치 않습니다. 그런데 이상하게 그저 그런 보통의 직원들로 구성된 옆 부서가 최고의 성과를 거뒀어요. 팀을 이끈 제게 무슨 문제가 있는 걸까요? 아니면 우리 팀원들에게 거품이 있었던 걸까요?

A 아, 재미있네요. 세계적인 곡물회사 카길에서 리더의 코칭기술에 따라 어떻게 팀이 달라지는지 비밀 실험을 했는데, 아주 흡사합니다. 최고의 인재만 모인 A팀의 독선적 팀장, 보통의 직원들이 모인 B팀의 보통 팀장. 몰래카메라를 했더니 리더의 코칭 차이에서 실적 차이가 났다고 합니다. B팀 팀장의 코칭 장점은 이러했습니다. 첫째, 무엇을 하든 직원을 일단 지지해준다. 둘째, 문제의 핵심을 파악하고 가려운 곳을 잘 긁어준다. 셋째, 팀원의 생각이 변하도록 이끈다. 이게 주된 성공 요인이었지요.
요즘의 리더십은 개별적인 코칭이 필수입니다. 최고의 에이스가 모인 팀이라 똑똑한 인재들을 조율하는 일이 쉽지 않겠지만, 팀원 개개인의 개성과 형편, 그들의 장단점을 파악하며 잘할 수 있는 일에 도전할 수 있도록 조금만 돕는다면 그들은 금방 스스로 동기부여하고 에너지가 넘치는 팀원이 될 거예요. 뛰어난 인재들에겐 책임질 수 있는 적당한 선에서 믿어주고 맡기는 통 큰 위임도 필요합니다. 뛰어난 사람을 잘 활용하는 능력은 중요한 리더의 자질입니다.

"뺀질이 선배, 한 대 때려주고 싶어요."

Q 저희 팀에는 선배가 한 명 있는데, 그는 선배보다 후배가 늘 더 열심히 일해야 조직이 발전한다고 말하는 사람이죠. 말은 그럴싸한데 늘 한 템포 느릿하게 일하거나 가르친답시고 후배가 하길 기다리는 눈치죠. 그렇다 보니 대부분의 일은 그야말로 성질 급한 직속 후배인 제 차지입니다. 또 가장 어렵고 까다로운 일을 할 때는 바람과 함께 사라졌다가 정작 뭔가 발표해야 할 일이 있거나 제출해야 할 때는 자기가 하겠다고 나서죠. 동료들의 의견을 무시하고 팀장에게는 간까지 빼줄 것 같은 자세 때문에 모두 혀를

내두릅니다.

A 시원하게 표현하자면 상사만 모르는 뺀질이 타입의 선배군요. 이런 분들은 다 된 밥상에 숟가락만 얹기를 서슴지 않는 특기가 있습니다. 그런데 이런 사람을 귀찮다고 내버려두면 안 되죠. 같은 생각을 가진 팀원들과 협조해서 해결할 필요도 있습니다. 왕따 시키라는 게 아니라 상사가 그에 대한 진실을 알게 만드는 거죠. 서로 중간중간 자기 일을 선명하게 보고하면서 모든 일의 업무 분담을 명확하게 하세요. 말하자면 "현재 여기까지 일을 마쳤는데, A선배가 이러한 업무를 해주면 앞으로 이렇게 진행할 예정입니다"라고 보고하는 거죠. 그리고 선배가 공을 가로채려 하면 "제가 한 일이니까 제가 마무리까지 하겠습니다." 하는 방법으로 선을 긋는 용기를 내세요. 처음엔 어렵죠. 하지만 이렇게 하면 다음부턴 웬만큼 양심 없는 선배가 아닌 이상 더 이상 어쩌지 못할 것입니다.

"저도 여잔데 왜 여자 선배가 더 힘들까요?"

Q 저는 요즘 다른 팀으로 가고 싶습니다. 저희 팀에만 여직원이 둘인데 그중에서 제가 후배입니다. Y선배는 저를 싫어하죠. 뭘 물어봐도 딱딱하고 건조하게 업무적인 말만 할 뿐이고, 제 아이디어에 대해서는 대부분 코멘트가 없습니다. 다른 한 팀에 남자 직원만 있는 팀도 있는데, 사실 저는 그리로 가고 싶어서 팀장님께 건의할까도 생각 중입니다. 여자 선배와는 불편해서 같이 일할 맛이 안 납니다.

A 여성은 사람을 개인 차원에서 해석하는 경우가 많습니다. 자유롭게 아이디어 회의를 하다가 내가 얘기할 때쯤 공교롭게 선배가 연이어 두 번이나 갑자기 실례한다고 자리를 떴다면? 대부분의 여성들이 저 선배가 나를 싫어하거나 내 아이디어가 맘에 들지 않는다고 생각합니다. 사실 그 선배는 화장실에 간 건데도 말이죠.

여성들은 직장생활을 더 확실히 공적 개념으로 무장해야 합니다. 그 일에 적임자인데도 마음에 안 들면 채용하지 않는 여성 경영자도 있고, 감정이 안 좋은 사람과 협조하지 않아 커리어에 치명타를 자초하는 경우도 봤습니다. 개인적인 관계가 없어도 상대를 존중할 수 있습니다. 동료는 친구나 가족이 아니고 우리가 선택하지 못하는 사람입니다. 밥과 술은 안 먹어도 그들과 함께 일은 해야 합니다. 팀 내에서 "좋아!"란 반응을 얻었다면 그건 괜찮은 제안을 했기 때문이지 모두가 환영할 만한 행동을 했기 때문은 아닙니다.

남자들은 무뚝뚝하고 건조하게 업무적인 말만 하더라도 일하는 파트너가 일만 잘하고 협조에 어려움이 없다면 문제를 느끼지 않습니다. 일하는 상대가 좋아해주기를 바라지 말고, 자신의 아이디어나 제안을 좋아해주도록 일에만 초점을 맞추세요. 직장생활을 하는 여성들은 자신을 업무적으로 더 프로페셔널하게 성장시키는 훈련을 하면 성과적으로 큰 기폭제가 될 거예요.

통하는 사람은 타인의 변화를 견인한다

일터에서 하는 말은 아무리 가까운 동료 사이일지라도 허물없는 학창시절 친구와 같을 수는 없다. 말의 앞뒤를 걱정할 필요가 없는 친구끼리의 수다와는 달리, 내가 아무리 나쁜 의도로 한 말이 아니었다고 해도 잘못하면 정치적으로 해석되기도 하고 음해나 모함하는 말로 왜곡되기도 하고 시기 질투하는 말로 변신하기도 한다. 그래서 관계의 어려움은 사회생활을 오래 해도 쉽게 좋아지지 않는 경우가 많다.

하지만 모든 관계에는 웬만하게 용인되는 '선'이 있다. 그 선을 넘느냐 안 넘느냐가 통하는 관계를 막히게도 하고 막혔던 관계를 뚫기도 한다. 이 책은 그런 선들을 몇 가지 테마로 나누어 정리해본 것이다. 다른 사람들에게 나는 호감을 주는 사람일까, 아니면 있어도 그만, 없어도 그만인 사람일까? 직장생활에서 나는 인정받는 사람일까? 어떻게 하면 일을 잘할 수 있을까? 업무적인 커뮤니케이션은 어떻게 해야 효과적일까? 직장인이라면 누구나 하는 이런 고민에 대한 궁극적인 해답이 되기엔 부족한 점이 많지만, 적어도 놓치기 쉬운 관계의 세밀한 기술은 살리려고 노력했다.

나를 힘들게 하는 사람을 내가 어떻게 할 수는 없다. 다른 사람을 변화시키는 일은 세상에서 대단히 어려운 일 중에 하나이기 때문에, 그보다는 나를 변화시키는 길을 선택하는 것이 더 빠르고 효과적일 것이다. 이 책은 작게는 직장에서 일을 잘 해보려고 하는 가운데 나로 인해 소통이 어려워질 것에 미리 대비하는 작은 공부가 될 수도 있고, 크게는 나의 변화로 나를 힘들게 하는 동료까지 변화시키는 것이다. 아마도 이것이 관계의 기술을 배우고 실천해서 얻을 수 있는 최대의 효과이자 최고의 목적이 아닐까 한다. 이 책을 읽는 독자들이 부디 그 효과와 목적을 모두 이루시길 바란다.

通하는 사람이 이긴다

2014년 1월 10일 초판 1쇄 인쇄
2014년 1월 15일 초판 1쇄 발행

지은이 | 전미옥
펴낸이 | 진욱상
펴낸곳 | 백산출판사
등록 | 1974. 1. 9. 제1-72호
주소 | 서울시 성북구 정릉 3동 653-40
전화 | 02)914-1621, 02)917-6240
팩스 | 02)912-4438

http://www.ibaeksan.kr
editbsp@naver.com

ISBN 978-89-6183-827-6

값 12,000원